C000150946

novum premium

Karin Hilfiker

Der Wald als Organisation

Was wir unbewusst aus einem Waldbesuch lernen

novum ▲ premium

Dieses Buch ist auch als
e-book
erhältlich.

w w w . n o v u m v e r l a g . c o m

© 2018 novum Verlag

ISBN 978-3-903155-90-9
Lektorat: Aline Schmitt
Umschlagfotos: Karin Hilfiker,
Manop Lohkaew | Dreamstime.com
Umschlaggestaltung, Layout & Satz:
novum Verlag
Innenabbildungen: Karin Hilfiker (66)

Die von der Autorin zur Verfügung
gestellten Abbildungen wurden in der
bestmöglichen Qualität gedruckt.

Gedruckt in der Europäischen Union
auf umweltfreundlichem, chlor- und
säurefrei gebleichtem Papier.

www.novumverlag.com

Bibliografische Information
der Deutschen Nationalbibliothek:

Die Deutsche Nationalbibliothek
verzeichnet diese Publikation in
der Deutschen Nationalbibliografie.
Detaillierte bibliografische Daten
sind im Internet über
http://www.d-nb.de abrufbar.

Alle Rechte der Verbreitung,
auch durch Film, Funk und Fernsehen,
fotomechanische Wiedergabe,
Tonträger, elektronische Datenträger
und auszugsweisen Nachdruck,
sind vorbehalten.

Inhaltsverzeichnis

Vorwort

Die Idee, mich im Zusammenhang mit meiner Persönlichkeitsentwicklung mit dem Wald zu befassen, beruht auf Gesprächen mit Irma Endres, meiner Betreuerin am Institut für Kommunikation & Führung IKF in Luzern. Im Rahmen des CAS-Moduls „Interkulturelles Projektmanagement und Teambuilding" verfasste ich eine Projektarbeit über meine Persönlichkeit: Wer bin ich, was prägte mich und wie möchte ich mich weiter entwickeln.

In Gesprächen mit Irma entdeckte ich, dass es für mich als Forstingenieurin einfacher ist, meine Persönlichkeit, meine Bedürfnisse, meine Stärken und meine Ziele anhand der Eigenschaften von unterschiedlichen Baumarten und der Abläufe im Wald zu beschreiben. Wir entwickelten diese Sprache während den Coachings im CAS-Modul „Personal Leadership" weiter.

Als ich mich mit Irma Endres und Dietmar Treichel, die beide das IKF leiten, traf, um ein Thema für die Masterarbeit festzulegen, entwickelte sich aus vielen Ideen der Vorschlag, ein Buch zu schreiben. Das Ziel ist es, Sie als Lesende dem Wald einerseits und Ihrer Persönlichkeit andererseits näher zu bringen.

Dabei erfahren Sie, dass der Wald wie jedes komplexe System einen Lebensraum für unterschiedliche Akteure darstellt. Diese stehen in Wechselbeziehung zueinander. Je nach Dynamik steuert der Wald sich selber oder wird von äußeren Kräften beeinflusst. Er ist daher mit anderen Systemen über offene und sich ändernde Grenzen vernetzt. Viele Abläufe im Wald verstehen wir, doch einiges bleibt uns nach wie vor unbekannt.

Indem Sie anhand von dreizehn Waldbildern den Wald entdecken, werden Sie gleichzeitig sich selbst besser kennenlernen. Ein Besuch im Wald kann Sie veranlassen, die kennengelernten Waldbilder auf Ihre eigene Situation zu übertragen und sich damit auseinanderzusetzen. Dabei lernen und entwickeln Sie sich weiter. Ein Eichhörnchen begleitet Sie dabei. Freuen Sie sich auf Ihren

Waldbesuch – den virtuellen beim Lesen dieses Buchs und hoffentlich auch den in der freien Natur!

Beim Erarbeiten dieses Buches begleiteten mich verschiedene Personen aus meinem Umfeld, denen ich hier namentlich meinen Dank ausspreche:

➢ Irma Endres (lic. phil., Leitung Institut für Kommunikation & Führung IKF): Für ihre Betreuung während des ganzen Studiums und der Masterarbeit.

➢ Tatjana Trüeb (West Africa Physical Therapy Advisor für The ICRC MoveAbility Foundation): Für unseren intensiven und sehr wertvollen Austausch während der Erarbeitung unserer jeweiligen Masterarbeiten.

➢ Merita Göldi (Leiterin Finanzen bei TearFund Schweiz): Für ihre wohlbedachten Fragen und konstruktiven Vorschläge während des Korrekturlesens.

➢ Judith Artmann (Duty Manager bei Swissport Zürich): Für ihre Überprüfung des roten Fadens durch alle Waldbilder während des Gegenlesens.

➢ Sandra Thöny (Forstingenieurin ETH): Für ihre sehr reflektierten Anmerkungen zur Verknüpfung der Komponenten Wald, Persönlichkeit und Eichhörnchen.

➢ Peter Muntwyler (Förster HF/Betriebsleiter): Für seine fachlichen Anregungen und Eindrücke, wie die Waldbilder auf ihn wirken.

➢ Yu Fehr (China Marketing Spezialist, Coach Workshop Chinese Culture & Business): Für das Erstellen der Homepage, auf welche die Masterarbeit verweist.

Weiteren Dank für Anregungen zur Masterarbeit an: Dietmar Treichel, Daniela Boxler, Heidi und Hanspeter Schneider, Josef Schmidlin, Susi Herzog, Kathrin Henggeler und meine Mutter Ruth Hilfiker.

Einleitung

Was bedeutet der Wald für Sie und wie nutzen Sie ihn? Besuchen Sie den Wald als Spaziergängerin, Jogger, Naturliebhaberin, Biker, Pilzsammler, Berufstätige oder aus anderen Motiven? Was fasziniert Sie am Wald? Und wie fühlen Sie sich vor, während und nach einem Waldbesuch?

Der Wald bedeutet mir persönlich viel, da er verschiedene meiner Bedürfnisse abdeckt. Ich halte mich körperlich fit, wenn ich jogge. Manchmal wandere ich durch neue Gegenden, um meine Abenteuerlust zu stillen, sei es alleine oder in einer Gruppe. Andere Male genieße ich die Ruhe und Stille. Oder ich nutze einen Waldspaziergang für klärende Gespräche unter Kollegen. Meistens fühle ich mich nach einem Waldbesuch entspannt, gestärkt und gedanklich klarer. Abgesehen von meiner Wahrnehmung des Waldes als Freizeit- und Erholungssuchende, betrachte ich den Wald als Forstingenieurin auch aus einer beruflichen Perspektive. Ich beobachte, wie Bäume wachsen und wie sich ein Wald entwickelt.

Daher möchte ich Sie mit diesem Buch anregen, folgende fünf Ziele persönlich oder als Gruppe anzustreben: (Abb. 1)

1. Sie lernen anhand verschiedener Waldbilder, den Wald aus einer neuen Perspektive wahrzunehmen.

2. Diese Waldbilder regen Ihre Selbstreflexion an, um im Speziellen über Ihre Persönlichkeit und Ihre Entwicklung in Ihrem Umfeld nachzudenken.

3. Wenn Sie danach den Wald besuchen, können Sie unbewusst etwas Neues aus den hier beschriebenen Waldbildern für sich kreieren, sofern Sie sich während Ihres Waldbesuchs entspannt fühlen und einen „Flow-Zustand"[1] erreichen.

---

1 „Flow" beschreibt Mihaly Csikszentmihalyi als Zustand müheloser Konzentration, bei dem jegliches Zeitgefühl verschwindet (Kahnemann 2011: 40).

4. Sie können das Neue, das Sie (in Ziel 3) kreiert haben, weiterentwickeln. Dabei wenden Sie Ihr Wissen und Ihre Handlungskompetenzen aus Ihrem persönlichen Wirkungsfeld auf andere Gebiete an. Sie lernen.

5. Erfüllen sich die vier erstgenannten Ziele, können Sie neben den Hauptfunktionen des Waldes – Schutz vor Naturgefahren, Holzproduktion, Naturschutz und Erholung – einen weiteren Wert des Waldes feststellen: sein Potenzial als Ort der Entspannung und die damit verbundene Wirkung als Kraft- und Reflexionsquelle.

Merken Sie, dass diese Zielsetzungen jeden von uns motivieren können? Einerseits Menschen, die bereits einen Bezug zum Wald haben, und andererseits Menschen, die durch die Waldbilder inspiriert werden, den Wald als ein komplexes System kennenzulernen. Unser aller Interesse ist es, unsere Persönlichkeit und unser Umfeld mittels Waldbildern wahrzunehmen, anzunehmen, zu verstehen und zu reflektieren. Wir wollen über uns lernen und uns weiterentwickeln.

Das Zielpublikum dieses Buches schließt junge wie ältere Menschen wie auch Personen aus unterschiedlichen privaten, beruflichen und gesellschaftspolitischen Bereichen ein.

Das Buch ist bewusst in einer einfach verständlichen Art und Weise geschrieben, sodass jeder ohne besondere Vorkenntnisse über den Wald oder die verschiedenen Theorien/Modelle den Geschichten folgen kann. Sie finden wissenschaftliche Informationen entweder in den Fußnoten oder im Literaturverweis pro Kapitel.

Der Idee dieses Buches unterliegen vier grundlegende Gedanken, die Sie im Exkurs „vier relevante Ansätze" ausführlicher vorgestellt erhalten. Die vier Ansätze sind:

➢ Persönlichkeit und Selbstmanagement: Wie entwickeln Sie den bewussten Umgang mit sich selbst?

➢ Neuroleadership: Wie prägt das Unbewusste Ihre Selbstführung?

➢ Single-loop learning, double-loop learning und deutero learning: Wie lernen Sie, sodass längerfristig eine Verhaltensänderung bei Ihnen und Ihrem Umfeld eintritt und Sie sich gemeinsam weiterentwickeln?

➢ Blue Ocean Strategy: Wie lernen Sie, sich im Umfeld neu zu positionieren?

Es geht um Ihre Persönlichkeit und wie Sie über sich selbst und Ihr Umfeld lernen. Durch Ihre eigene Entwicklung können Sie im Austausch mit anderen dazu beitragen, dass Sie Ihr Umfeld nach Ihren gemeinsamen Vorstellungen verändern.

Ebenso beabsichtigt das Buch, eine neuartige Form des Wahrnehmens, Denkens und Handelns zu kreieren, indem Wissen und Handlungsstrategien von verschiedenen Fachbereichen miteinander verknüpft und weiterentwickelt werden.

In Abbildung 1 stellt das erste grüne Bild Ziel 1 dar, das auf dem Ansatz Persönlichkeit und Selbstmanagement basiert. Sie nehmen anhand der dreizehn Waldbilder den Wald aus einer neuen Perspektive wahr. Auf sich selbst bezogen bedeutet es, dass Sie Ihre Persönlichkeit aus einer neuen Perspektive wahrnehmen. Im zweiten grünen Bild denken Sie über Ihre neue Sichtweise nach und wie diese auf Sie wirkt.

Das violette Bild zeigt Sie im Wald. Es bezieht sich auf den Ansatz Neuroleadership. Sie haben anhand der Waldbilder Ihr Wissen über den Wald und über sich selbst vertieft und reflektiert. Fühlen Sie sich bei Ihrem Waldbesuch in einem entspannten Zustand, kann ihnen auf einmal etwas aus ihrem Unbewussten in Ihr Bewusstes kommen. Sie gewinnen eine neue Erkenntnis über sich selbst und über Ihr Umfeld (Glühbirne im Dreieck).

Das orange Bild visualisiert das Ziel 4 basierend auf dem Ansatz single-loop learning, double-loop learning und deutero learning. Indem Sie Ihre neue Erkenntnis verarbeiten und auf Ihr Umfeld anwenden, lernen Sie (zwei Glühbirnen). Dieser Prozess kann sich beliebig wiederholen, indem Sie Ihr Verhalten und Ihre Wertvorstellungen weiterentwickeln.

Das blaue Bild fasst die vier ersten Bilder zusammen und widerspiegelt Ziel 5 und den Ansatz Blue Ocean Strategy. Indem Sie erkennen, dass Sie im Wald angeregt werden können, über sich selbst und Ihr Umfeld zu reflektieren, lernen und entwickeln Sie sich weiter. Der Wald stellt einen neuen Wert für Sie dar: Wald = Entwicklung von sich selbst und Ihrem Umfeld.

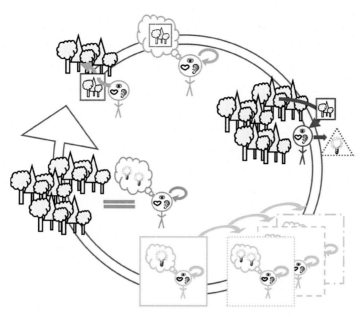

Abb. 1: Visualisierung der fünf Ziele. Je ein Bild stellt ein Ziel dar, das auf einem der vier Ansätze des Buches beruht. Die Bilder beginnen chronologisch oben links beim Pfeilstart und enden unten links beim Pfeilende. Die Strichmännchen stehen symbolisch für uns, wie wir mit unseren verschiedenen Sinnen wahrnehmen (hier sind es: sehen, hören, fühlen).

Im Folgenden befassen Sie sich mit den drei Komponenten „Persönlichkeit, Wald und Eichhörnchen". Die Komponente „Persönlichkeit" bezieht sich auf Ihre eigene Person. Sie erhalten durch die Waldbilder immer wieder Gelegenheit inne zu halten, sich wahrzunehmen und über sich zu reflektieren. Die Komponente „Wald" widerspiegelt Ihr Umfeld in Form einer Organisation oder einer Gesellschaft. Sie erkennen unterschiedliche Abläufe und Interaktionen zwischen verschiedenen Beteiligten im Wald. Die dritte Komponente „Eichhörnchen" stellt die Verbindung zwischen den beiden Komponenten dar. Das Eichhörnchen mit seinem bewussten und überlegten Handeln beschreibt und reflektiert anhand ausgewählter Theorien/Modelle der Persönlichkeits- und Organisationsentwicklung über die verschiedenen Interaktionen in seinem Waldgebiet.

Sie besuchen das Waldgebiet des Eichhörnchens und entdecken dabei verschiedene realitätsnah beschriebene Waldbilder. Ein Waldbild zeigt jeweils mindestens einen Ausschnitt aus dem Wald und umfasst eine Geschichte, die in sich abgeschlossen ist und auf einer Theorie respektive einem Modell beruht. Die Auswahl der Theorien/Modelle basiert einerseits auf den Waldbildern, die sich mir während meiner Waldbesuche, teils wie ein Aha-Erlebnis, aufgetan haben. Andererseits ermöglichen die ausgesuchten Theorien/Modelle, den Lernprozess von sich selbst ausgehend, über eine Gruppe, mit der wir interagieren, über unser ganzes Umfeld auszuweiten.

Die Geschichten können sowohl einzeln als auch als eine zusammenhängende Geschichte gelesen werden. Obschon die Geschichten erfunden sind, lehnen sie sich an wirkliche und zukünftige potenzielle Begebenheiten an.

Das Eichhörnchen stellt den roten Faden durch alle Geschichten dar. Dabei beschreibt es verschiedene Interaktionen, die es selbst gerade erlebt oder aus seiner Erinnerung erzählt und über die es nachdenkt. Es können dabei mehrere Interaktionen in einer Geschichte auftreten. (Abb. 2).

Sei es das Eichhörnchen mit einem Baum respektive einem Wald, mit einem anderen Eichhörnchen, einem Waldtier oder einem Menschen. Oder sei es zwischen zwei Menschen, zwischen einem Menschen und einem Baum respektive einem Wald, oder zwischen einem Baum und einem Pilz.

Die Waldbilder dienen Ihnen als Metaphern, damit Sie einen möglichst guten Zugang zu Ihrer Intuition, Ihrer Kreativität und Ihrem persönlichen Wachstum bekommen. Die Metaphern erlauben Ihnen, Brücken von den Waldbildern zu verschiedenen Modellen der Persönlichkeits- und Organisationsentwicklung zu schlagen. Ebenso eignen sich Metaphern dazu, dass sich unser Unbewusstes auf etwas Bestimmtes fokussieren kann[2]. Sie verknüpfen „Bekanntes mit Neuem" sowie „Fremdes mit Eigenem".

---

2 „Metaphern und geistige Bilder sind eine erfolgreiche Methode, um das Unterbewusstsein auf einen Punkt zu konzentrieren." (Senge 2011: 183).

So mögen Sie zu neuartigen Perspektiven, Gedanken und Anregungen gelangen, wenn Sie durch den Wald spazieren[3]. Während Ihres virtuellen Waldbesuchs begleitet Sie das Eichhörnchen. Es beschreibt, wie und was es über seine Sinne wahrnimmt. Ebenso interpretiert es die verschiedenen Waldbilder aus seiner Perspektive. Sie können sich vorstellen, dass seine Perspektive auf meiner beruht. Dabei zeigt sich, dass ich vor allem die Sicht des Waldes darlege und mögliche, relativ offensichtliche Verknüpfungspunkte mit den verschiedenen Theorien/Modellen der Persönlichkeits- und Organisationsentwicklung aufzeige. In den Geschichten widerspiegeln sich oft Wunschvorstellungen, wie verschiedene Beteiligte sich verhalten könnten. Ihre meistens harmonischen Interaktionen und Ihre Fähigkeit, Gefühle zu äußern und sich zu hinterfragen, entsprechen einem Ideal, das vielleicht realitätsfremd wirken mag.

Ich rege Sie daher an, die Waldbilder aus Ihrer Perspektive aufzunehmen und die für Sie passenden Gedanken zu entwickeln. Gegen Ende werden Sie vielleicht Teil des Eichhörnchens sein oder seine Perspektive einnehmen. Maßgebend ist es, dass Sie Zeit und Raum finden, um über sich selbst und Ihr Umfeld nachzudenken.

---

3 Die Studie von Opezzo und Schwartz (2014: 1142–1152) zeigt auf, dass Gehen im Freien kreatives Denken anregt.

Führung von innen	Mein Baum	Eisberg	Baum – Eichhörnchen
	Meine Welt der Bedürfnisse	Maslow Pyramide	Baum – Eichhörnchen
	Mein Orchester	Inneres Team	Baum – Eichhörnchen
	Meine Widerstandskraft	Resilienz	Baum – Pilz Baum – Mensch

Kommuni-kation	Meine und unsere Eicheln	Gewaltfreie Kommunikation	Mensch – Waldtier – Eichhörnchen
	Unser gemeinsames Interesse	Harvard-Konzept	Mensch – Mensch Eichhörnchen – Eichhörnchen
	Unser Zusammen-leben im Wald	Themenzentrierte Interaktion	Eichhörnchen – Eichhörnchen

Führung nach außen	Unser Wald entsteht	Phasenmodell für Teamentwicklung	Wald – Mensch
	Unsere Vielfalt prägt uns	Diversität	Wald – Mensch
	Unser Abbild verändert uns	Johari-Fenster	Eichhörnchen – Mensch

Organisations-entwicklung	Wie gehen wir mit Widerstand um?	Acht Schritte zum Meistern von Veränderungen	Eichhörnchen – Eichhörnchen Wald – Mensch
	Wie lernen wir?	Single-loop learning, double-loop learning und deutero learning	Wald – Mensch – Eich-hörnchen
	Wie entwickeln wir uns?	U-Theorie	Baum – Eichhörnchen

Abb. 2: Überblick über die vier Themenbereiche mit den dazugehörigen Wald-bildern, Theorien/Modellen sowie den Interaktionen, welche in der jeweiligen Geschichte auftreten. Weitere Erklärungen folgen unter Kapitel „Aufbau des Buches".

Aufbau des Buches

Insgesamt finden Sie dreizehn Waldbilder vor, die in vier Themenbereiche gegliedert sind. Diese vier Bereiche sind Führung von
innen, Kommunikation, Führung nach außen und Organisationsentwicklung. Dabei soll ein Lernprozess aktiviert werden, der von
Ihrer Persönlichkeit über Ihre Gruppe bis zu Ihrer Organisation
reicht; also von innen nach außen (Abb. 2 & 3).

➤ Führung von innen: Dieser Bereich bildet den Kern eines
Lern- und Entwicklungsprozesses. Es geht dabei um das
Wahrnehmen und Entfalten Ihrer Persönlichkeit. Sie setzen
sich anhand der vier Theorien/Modelle Eisberg, Maslow
Pyramide, Inneres Team und Resilienz mit Ihrer Grundeinstellung, Ihren Bedürfnissen und Ihrem Verhalten auseinander.

➤ Kommunikation: In der Interaktion mit anderen, sei es inner-
halb einer Gruppe oder einer Organisation, konzentrieren
Sie sich auf folgende drei Theorien/Modelle: Gewaltfreie
Kommunikation, Harvard-Konzept und themenzentrierte
Interaktion. Sie werden sich bewusst, wie Sie kommunizieren
und wie Sie sich in Ihrem Umfeld verhalten. Die Pfeile in
Abbildung 3 erstrecken sich daher durch alle drei anderen
Themenbereiche, da Kommunikation für Sie, Ihre Gruppe
und Ihre Organisation immer relevant ist.

➤ Führung nach außen: Es ist der Bereich, in dem Ihre Persönlichkeit Einfluss auf das Zusammenspiel einer Gruppe nimmt.
Der Fokus richtet sich auf die Entwicklung und die Diversität einer Gruppe sowie auf den Feedback-Prozess zwischen
Ihnen und Ihrem Gegenüber (Johari-Fenster).

➤ Organisationsentwicklung: Sie sind als Person sowie als
Gruppe gefestigt, um gemeinsam zu lernen und sich weiterentwickeln zu können. Sie lernen dabei verschiedene Formen
des reflektierten Lernens kennen (acht Schritte zum Meistern
von Veränderungen; single-loop learning, double-loop learning

und deutero learning; „Lernen von einer im Entstehen be-
griffenen Zukunft", U-Theorie).

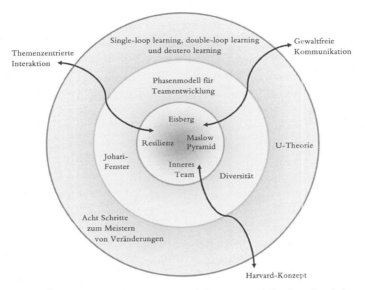

Abb. 3: Überblick über die ausgewählten Theorien/Modelle, die anhand der
vier Themenbereiche dargestellt sind (grün = Führung von innen, violett =
Kommunikation, orange = Führung nach außen und hellblau = Organisationsentwicklung).

Am Schluss jedes Waldbildes finden Sie einen Verweis auf die
ihm zugrunde liegende Theorie oder auf das jeweilige Modell.
Die Waldbilder können Ihnen daher einen Impuls geben, um
sich mit der einen oder anderen Theorie, sowie dem einen oder
anderen Modell vertiefter auseinanderzusetzen. Eine Möglichkeit
ist es, am Ende des Buches den Literaturverweisen pro Kapitel
zu folgen. Ebenso finden Sie Grundlagen zu den vorgestellten
Theorien/Modellen auf www.waldcoaching.ch im Speziellen
oder im Internet im Allgemeinen.
    Den Abschluss des Buches bildet das „Schluss-Waldbild" in
Form einer Abbildung und einer kurzen Zusammenfassung der

dreizehn Waldbilder. Dieses „Schluss-Waldbild" kann Sie anregen, Ihre Gedanken festzuhalten und zu verarbeiten. Dazu erhalten Sie einen Einblick in meine Selbstreflexion, die durch das Schreiben der Waldbilder einsetzte. Danach rege ich Sie an, sich Ihrem eigenen Handlungsspielraum bewusst zu werden. Das ermöglicht Ihnen zu beurteilen, ob und wie Sie die fünf anfangs erwähnten Ziele erreicht haben. Zu guter Letzt erhalten Sie Gelegenheit, Ihr weiteres mögliches Vorgehen zu gestalten. Diese Gedankenstütze kann Sie bei Ihren nächsten Waldbesuchen an die hier erlebten Waldbilder und persönlich verarbeiteten Gedanken erinnern, woraus für Sie im entspannten Zustand gegebenenfalls etwas Neues entstehen kann.

Bevor Sie nun Ihren Waldbesuch beginnen, stelle ich Ihnen Ihren Wegbegleiter, das Eichhörnchen, vor.

„Ich als Eichhörnchen begleite Sie auf Ihrem Waldspaziergang. Einerseits, da Sie mir im Wald relativ oft begegnen und Sie sich an meinem possierlichen Verhalten erfreuen. Andererseits, da ich Sie im Verlaufe des Buches immer wieder mit Fragen anstoßen werde, die Sie zur Selbstreflexion anregen. In anderen Worten, ich bin der ideale Wegbegleiter während Ihres Waldbesuchs.

Manchmal werden Sie mich wahrnehmen, sei es, weil ich vor Ihren Augen einen Waldweg überquere oder Sie hören, wie ich an einem Lärchenstamm hinaufklettere.

Manchmal werden Sie nur Spuren von mir sehen, wie zum Beispiel einen abgefressenen Fichtenzapfen. Andere Male nehmen Sie mich nicht oder nur unbewusst wahr, wenn ich in den Baumkronen von Ast zu Ast springe.

Ich selbst lebe als Einzelgänger. Meine Kollegen und ich ernähren uns vorwiegend von Samen, Früchten und Knospen von verschiedenen Baumarten. Wir verzehren eigentlich alles, was der Wald uns bietet; so auch Beeren, Pilze, Blätter, Wurzeln oder auch tierisches Eiweiß von Insekten. Meine Vorräte vergrabe ich im Boden oder verstecke ich in Baumhöhlen. Ich kann mich aber nicht immer erinnern, wo ich meine Nahrung gelagert habe …

Ich kenne mein Waldgebiet und die Bäume darin gut. Ich klettere und „fliege" darin, ernähre mich von diversen Baumprodukten, notabene knabbere ich auch Wurzeln an. Als vielseitiger Waldbewohner mit meinem extrovertierten Verhalten begleite ich Sie gerne während Ihres Waldbesuchs! Vor allem, wenn Sie sich häufig in Mischwäldern mit dichtem Kronendach und üppiger Strauchschicht aufhalten. Das ist mein bevorzugter Lebensraum. Lernen Sie ihn kennen!"

Mein Baum

Am frühen Morgen bewege ich mich am liebsten in meinem Waldgebiet herum. Dabei klettere ich von meinem Nest in der Astgabel einer alten mächtigen Eiche zum Waldboden hinunter, um meine Beinchen in Ruhe zu vertreten, bevor die ersten Waldbesucher kommen. Immer wieder aufs Neue staune ich über die kräftigen Wurzelansätze, die im Boden verschwinden. Da ich ab und zu mich selbst an Wurzeln junger Bäumchen satt fresse, weiß ich, wie wichtig deren Funktion für das junge Bäumchen ist. Die Wurzeln geben ihm Halt und versorgen es mit Wasser und Nährstoffen.

Wussten Sie, dass das Wurzelwerk der Bäume größer ist als deren Krone? Uns ist dieses Verhältnis kaum bewusst, da die Wurzeln uns oft verborgen bleiben. Nur wenn wir gezielt an einer Uferböschung oder an einer Hangkante einen Querschnitt des Bodens betrachten, vermögen wir einen Ausschnitt aus dem Wurzelraum eines Baumes zu sehen. So bildet sich je nach Untergrund und Baumart der Wurzelraum unterschiedlich tief aus.

Habe ich meine Beinchen auf dem Waldboden aufgewärmt, heißt es auf meinen Lärchenbaum zu klettern. Dort befindet sich in einer Baumhöhle mein Frühstück. Diese Baumhöhle ermög-

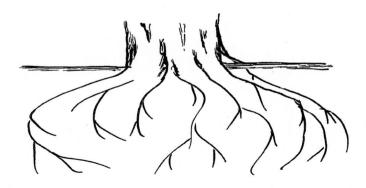

licht mir nicht nur meinen Vorrat zu lagern, sondern gibt mir auch einen Einblick in das Innere des Baumes. Unter der rauen und dicken Lärchenborke befindet sich das wertvolle Lärchenholz, das Sie an Ihre Winterferien in einem Chalet in den Bergen erinnern mag; an den Duft und die typischen Astlöcher des Lärchenholzes.

Wenn der Förster frisch einen Baum gefällt hat, wird das Holz sichtbar. Dabei erkennen Sie die Jahrringe im Holz. Zählen Sie sie und erfahren Sie, wer unter ihnen der Jüngere ist: Sie oder der Baum!

Gestärkt klettere ich nach meinem Frühstück den Lärchenstamm weiter hoch. Dort balanciere ich über einen starken Ast, an dem wie an allen anderen Ästen die Knospen langsam zu sprießen beginnen. Es ist Frühling. Für mich beginnt die Zeit, in der ich meinen Partner finde und ihm von Baumkrone zu Baumkrone folge. Ich orientiere mich an den Astverzweigungen, welche je nach Baumart unterschiedlich sind. Es gibt Baumarten, deren Äste wie bei einer Waldstraße gleichzeitig nach rechts und nach links abbiegen, bei anderen sind die Abzweigungen alternierend und bei einigen sogar wie in einem Kreisel mit mindestens drei Ausfahrten. Da ich mein Leben in den Baumkronen verbringe, weiß ich, dass bei Eschen und Ahornen die Knospen rechts und links gleichzeitig abzweigen, bei Buchen, Linden und Eichen alternierend sind und bei Tannen und Föhren in einem Kreisel angeordnet sind.

Nehmen Sie sich Zeit und betrachten Sie die Astverzweigungen der verschiedenen Baumarten!

gleichzeitig rechts und links   alternierend   Kreisel

Ebenso wird mir beim Hinauf- und Herunterklettern von Bäumen bewusst, dass die Rinde je nach Baumart unterschiedliche Strukturierungen und Verfärbungen aufweist. Ich persönlich klettere am liebsten auf alte Lärchen, Föhren, Eichen oder Bergahorne hinauf, da deren grobborkige Rinden mir den besten Halt ermöglichen. Sie mögen das Geräusch vielleicht wahrnehmen, wenn sich meine Zehen über die Borke bewegen. Die Rinde der Buche ist hingegen glatt. So fühle ich mich insbesondere bei Regen, als würde ich eine Rutschbahn herunterschlittern.

Gehen Sie achtsam durch den Wald und befühlen Sie an den unterschiedlichen Bäumen deren Rindenstruktur!

Da ich mich mehrheitlich im Kronendach aufhalte, erkenne ich im Frühling, dass je nach Baumart die Blätter und Blüten früher oder später austreiben. Ebenso wie sich die Wurzeln, das Holz, die Verzweigungen der Äste und die Rindenstruktur je nach Baumart unterscheiden, so differenzieren sich auch die Blätter.

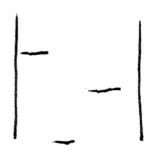

Rinde der Lärche   Rinde der Buche

Daher zeigt jede Baumart ein eigenes arttypisches Verhalten auf und nimmt dadurch eine bestimmte Position im Wald ein.

Anhand der verschiedenen Blattformen können Sie relativ einfach die Baumarten bestimmen. Sei es das glattrandige und glänzende Buchenblatt, das gezähnte Blatt der Hagebuche, das fingerförmige Ahornblatt oder das gebuchtete Eichenblatt.

| Buche | Hagebuche | Bergahorn | Stieleiche |

Heute Nachmittag lasse ich mich an einem sonnigen Plätzchen auf dem Waldboden nieder. Mein Blick richtet sich auf eine Eiche. Dabei frage ich mich, was ich an diesem Baum bewusst wahrnehme. Ganz bestimmt sehe ich von Weitem seine Krone. Nähere ich mich der Eiche, erkenne ich ihre Blattform, ihre Rindenstruktur und allenfalls die Art und Weise, wie sich ihre Äste verzweigen. Was ich von diesem Baum nicht sehe, auch wenn ich mich direkt vor ihm befände, sind seine Wurzeln und sein Holz. Warum bleibt mir das verborgen?

Bei meinen alltäglichen Aktivitäten setze ich mich mit dem Holz und den Wurzeln am wenigsten auseinander. Um die Wurzeln als Ganzes zu sehen, müsste ich meine Eicheln zum Lagern viel tiefer in den Boden eingraben. Auch das Holz wird für mich nur sichtbar, wenn ich bewusst die Wände in einer meiner Futterhöhlen im Baum betrachte. Es ist darin meistens zu dunkel, als dass ich etwas deutlich erkennen könnte.

Warum habe ich mich nie bemüht, mehr über das Holz und die Wurzeln zu erfahren? Ist es zu anstrengend für mich? Und erkenne ich auf den ersten Blick keinen Nutzen für mich? Welche Haltung nehme ich dabei ein? Und wie wichtig ist es mir zu verstehen, wie die Wurzeln und das Holz eines Baumes beschaffen sind? Welche Werte und Motive treiben mich in erster Linie an?

Für mich ist es bedeutsam, dass ich meine Existenz sichere. Je fleißiger ich Eicheln und andere Nüsse sammle, desto höher sind meine Überlebenschancen. Auch kann ich mir mehr Ansehen verschaffen, wenn ich im Winter meine Vorräte mit anderen Eichhörnchen teile. Es geht mir vor allem um meine eigene Sicherheit, meine Arbeitsleistung, meine Beziehung zu anderen und um meinen Status innerhalb der Eichhörnchen-Gruppe. Am Holz und an den Wurzeln erkenne ich jedoch nicht auf den ersten Blick, ob und wie viele Eicheln diese Eiche vor mir produzieren wird.

Wie bedeutsam sind denn die Wurzeln und das Holz für diese Eiche? Die Wurzeln geben ihr Halt und versorgen sie mit Wasser und Nährstoffen. Je nach Baumart unterscheidet sich das Wurzelsystem. So reagieren zum Beispiel einige Baumarten besser auf Trockenheit als andere, da deren Wurzeln tiefer in den Boden eindringen. Das heißt, dass die grundlegende Veranlagung einer Baumart ihre Leistung und ihr Potenzial, auf verschiedenen Böden zu wachsen, beeinflusst. Ebenso ist die Beschaffenheit des Holzes je nach Baumart unterschiedlich. Die Struktur des Holzes wirkt sich unter anderem auf die Festigkeit und auf den Austausch von Wasser, Nährstoffen und Sonnenenergie zwischen den Wurzeln und der Krone aus. Es ist, als ob jede Baumart zum Wachsen eine andere Strategie verfolgt. Kenne ich die Veranlagung und Strategie dieser Eiche?

Woran zeigt sich die Veranlagung und Wachstumsstrategie der Eiche für mich, wenn ich mich nicht eingehender mit ihr befasse? Oder anders gesagt, was nehme ich bei meinen Spaziergängen im Kronendach einfach so wahr?

Es ist für mich relativ offensichtlich, dass die Blätter je nach Baumart unterschiedlich sind. Ebenso variieren je nach Baumart der Austrieb der Blätter im Frühling sowie deren Verfärben und Abfallen im Herbst. Es erscheint mir, als ob sich jede Baumart anders kleidet und verhält. So treiben am heutigen Frühlingsnachmittag die Blätter der Eiche vor mir erst richtig aus. Ich weiß jedoch bereits heute, dass die Eichenblätter im Herbst braun abfallen werden.

Bis dahin werde ich noch unzählige Male an Bäumen hinauf- und herunterklettern. Dabei spüre ich, dass die Rindenstruktur je nach Baumart anders beschaffen ist. Im Grunde schützt die Rinde das Holz vor externen Einflüssen. So erkenne ich manchmal an der Rinde, wie alt ein Baum ist und ob er einen Schaden hat. Die Rinde stellt für mich daher eine Art Kommunikationselement zwischen dem Inneren eines Baumes und seinem Umfeld dar. Wie geht es wohl der Eiche vor mir?

Die Regeln der verschiedenen Astverzweigungen lernte ich erst mit der Zeit kennen. Je bewusster ich eine Abzweigung nahm, desto klarer wurde mir, dass ich mich immer zu entscheiden habe, wie ich abbiegen möchte. Wähle ich bei einer Eiche bewusst immer alternierend einmal rechts und einmal links oder würde ich nur immer jede zweite Abbiegung nach links nehmen? Manchmal fühle ich mich danach, mich auf einer Föhre zu bewegen. Dank der kreiselförmigen Astverzweigung habe ich so viele Auswahlmöglichkeiten, dass ich mich jedes Mal neu entscheiden kann. Es ist so, als ob ich mich nicht wirklich festlegen müsste.

Uiii, jetzt bin ich schon so in meine Gedanken versunken, dass ich gar nicht erkannt habe, dass neben der Eiche eine Person aufgetaucht ist. Von Weitem erkenne ich nur ihre Umrisse. Sie ist groß und trägt etwas Gelbes. Ihre Schritte sind gleichmäßig. Sie wirkt entspannt. Das alles vermag ich auf den ersten Blick zu erkennen, obschon ich sie noch nie davor in meinem Wäldchen gesehen habe. Was hat sie wohl dazu veranlasst in den Wald zu kommen? Wer ist sie? Ich bin gespannt, ob die Person öfters kommen wird. Ich flitze mal kurz neben ihr vorbei, um „hallo" zu sagen. So sehe ich, wie sie reagieren wird. Alles andere beobachte ich aus meiner Baumkrone. Und mit etwas Glück kommt sie wieder, sodass ich sie günstigstenfalls besser kennenlernen kann. Auch das, was mir auf den ersten Blick noch nicht bekannt ist.

So wie ich mir vorhin ein Bild über die Eiche zu machen versuchte, so schnellten mir gerade eben Gedanken zu dieser Person durch den Kopf. Wie nehme ich sie wahr? Wie ist sie gekleidet, wie pflegt sie sich, wie drückt sie sich aus, wie verhält sie sich ... Ich mache mir ein Bild von ihr. Kenne ich diese

Person nach meinem ersten Eindruck wirklich? Erhalte ich die Chance, ihre Einstellung und ihre Motive für einen Waldbesuch kennenzulernen?

So hoffe ich, dass sie wiederkommt, um sie besser in ihrer Ganzheit zu erfassen. Ich möchte also nicht nur ihr Sichtbares, sondern auch ihr Unsichtbares, das was mir von ihr noch verborgen und unbewusst ist, kennenlernen.

Erinnern Sie sich an die Blätter der Eiche, welche das Verhalten eines Menschen symbolisieren? Oder an die Rinde, welche die Kommunikation und Interaktion zwischen Ihnen und Ihrem Umfeld versinnbildlicht?

Oder an all das, was meistens unsichtbar und Ihnen daher verborgen bleibt? Sei es die Regeln und Kriterien nach denen Sie ihr Leben ausrichten und sich manchmal zu entscheiden haben, welche Astverzweigung Sie nehmen. Sei es das Holz, das die Festigkeit und Zirkulation von den lebenswichtigen Stoffen für den Baum sicherstellt. Diese Metapher des Holzes steht für Ihre Werte und Motive. Und nicht zu vergessen die Wurzeln, die sowohl dem Baum als auch Ihnen Halt und Stabilität geben!

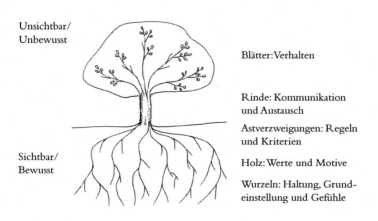

Unsichtbar/
Unbewusst

Blätter: Verhalten

Rinde: Kommunikation
und Austausch

Astverzweigungen: Regeln
und Kriterien

Sichtbar/
Bewusst

Holz: Werte und Motive

Wurzeln: Haltung, Grund-
einstellung und Gefühle

Die Metapher orientiert sich am Eisberg[4], einem Modell der Kommunikationstheorie zur zwischenmenschlichen Kommunikation, der die bewussten und unbewussten Elemente einer Persönlichkeit respektive einer Kultur widerspiegelt.

---

4 Treichel (2011: 230).

Meine Welt der Bedürfnisse

Nach meiner morgendlichen Futtersuche ruhe ich mich bei einer meiner Baumhöhlen, in denen ich meine Vorräte lagere, aus. Von hier habe ich den besten Blick auf meine Eiche, auf der sich mein Schlafplatz befindet.

Vor mich hindösend erinnere ich mich an ein Gespräch zweier Waldbesucher, die ich am Vortag aus den Baumkronen belauscht habe. Sie unterhielten sich intensiv über die fünf grundlegenden Bedürfnisse der menschlichen Motivation.

Dabei stellte sich heraus, dass ihre Großeltern sehr darauf bedacht waren, täglich genug Nahrung für sich und ihre Kinder zu haben. So mussten ihre Großeltern stundenlang anstehen, um ihre Lebensmittelgutscheine gegen etwas Essbares einzulösen. Auch gingen sie oft in den Wald, um Beeren, Nüsse und Pilze zu sammeln, da sie selbst kein Land besaßen, das sie bestellen konnten.

Damals in den 30er und 40er Jahren herrschten unsichere Zeiten. Die Großeltern wussten nie, ob sie ihre Arbeit in der Fabrik am nächsten Tag ausüben konnten oder ob sie sich vor den Kriegsflugzeugen in Schutz bringen mussten. Sie wohnten nahe der Grenze zum deutschen Reich. So richtete sich ihr Leben vollumfänglich auf das tägliche Überleben aus.

Die beiden Waldbesucher konstatierten, dass sie selbst heute eine ganz andere Situation erleben. Sie können jederzeit unbegrenzt allerlei Lebensmittel einkaufen. Ebenso selbstverständlich sind für sie Sicherheit, Stabilität und geregelte Strukturen in ihrem Alltag. Umso mehr ist ihnen das Bedürfnis nach Zugehörigkeit wichtig. Sie engagieren sich in ihren jeweiligen Branchenverbänden und gehen verschiedenen Hobbys nach.

Eine der beiden Personen erinnert sich dabei an eine Zeit, als sie arbeitslos war. Sie fühlte sich, als ob sie nicht zur Gesellschaft gehöre. Es fiel ihr auf, wie in ihrem Bekanntenkreis und auch an irgendwelchen Anlässen die Frage nach der beruflichen Beschäftigung meistens der Einstieg in ein Gespräch war. Umso

glücklicher fühlt sie sich nun, dass sie in ihrem Job einen aus-
gezeichneten Ruf hat und von ihrem Umfeld sehr geschätzt wird.
Da sie in einer leitenden Funktion ist, erhält sie gewisse Freiheiten,
die Strukturen nach ihren eigenen Vorstellungen zu verändern.
Indem sie die Entwicklung ihrer Organisation mit beeinflussen
kann, erhöht sich ihre Selbstachtung.

Beide Waldbesucher spüren, dass ihr Bedürfnis nach Wert-
schätzung gedeckt ist. Sie beide setzen sich nun mit der Suche
nach ihrem Lebenssinn auseinander. Wie können sie sich verwirklichen und sich ihrer selbst treu bleiben?

Während ich über die Bedürfnisse der beiden Waldbesucher
sinne, schweift mein Blick umher. Bei meiner Eiche tauche
ich aus meinen Gedanken wieder auf. Diesen mächtigen Baum
nutze ich als Schlafplatz. Was weiß ich über ihn? Hat meine
Eiche auch Bedürfnisse? Kenne ich sie? Und wie mag ich diese
allenfalls erfassen?

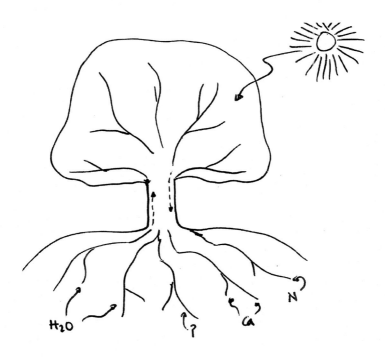

Wie die Großeltern vorhin in der Geschichte, stelle ich fest, hat auch die Eiche das grundlegende Bedürfnis nach Nahrung. Nährstoffe und Wasser nimmt sie über ihre Wurzeln auf und speichert sie dort. Damit ihre Existenz gesichert ist, findet im Bereich zwischen Rinde und Holz der Stoffaustausch statt. Von den Wurzeln werden Wasser und Nährstoffe hinauftransportiert und von den Blättern wird die aus der Sonne absorbierte Energie hinuntertransportiert. Würden diese Leitungen irgendwie unterbrochen, wäre die Existenz meiner Eiche gefährdet.

Für das Wohlergehen meines Schlafbaumes ist auch seine Stellung innerhalb der Nachbarbäume maßgeblich. Dank seiner mächtigen Krone und seiner guten Gesundheit ist er innerhalb der Baumgruppe vorherrschend. Das heißt, die Eiche hat bis anhin genug Platz, sodass sich ihre Wurzeln und ihre Krone voll entfalten können. Die Distanz zu den anderen Bäumen ist daher größer als die Distanz der anderen Bäume untereinander.

Das ermöglicht ihr, im Frühling enorm viele Blüten zu produzieren. Daraus entstehen im Herbst Eicheln. Meine Eiche beschenkt sich quasi selber. Daher schätze ich sie sehr, da sie mich und andere Waldtiere, insbesondere einen Wildschweine-Harem, mit ausreichend Eicheln versorgt.

Es ist, als ob meine Eiche sich mit ihrer Eichelproduktion ein Ziel erfüllt. Werden ihre Eicheln erfolgreich auf dem Boden aufschlagen und zu keimen beginnen, ermöglichte meine Eiche das Aufkommen junger Eichenbäume. So sichert sie das Fortbestehen von Eichen und trägt mit ihrem eigenen Erbgut dazu bei, dass ihre Nachkommen höchstwahrscheinlich wieder gut wachsen können, sofern die Umweltbedingungen günstig sind.

Meinen Sie, dass mein Bedürfnis nach Eicheln mit ihrem Bedürfnis, junge Eichenbäumchen mit ihrem Erbgut heranzuziehen, im Widerspruch steht? Positiv betrachtet ermögliche ich meiner Eiche, sich innerhalb meines Waldgebietes fortzupflanzen, indem ich ihre Eicheln überall in meinen Lagern verstecke. Denn Sie mögen sich erinnern, dass ich manchmal vergesse, wo ich mein Futter vergraben habe …

Ordne ich meine Gedanken, um mir ein klareres Bild der verschiedenen Bedürfnistypen zu verschaffen, erkenne ich Folgendes: Das grundlegende Bedürfnis der Eiche nach Nährstoffen sowie der Großeltern der beiden Waldbesucher nach Nahrung ermöglicht, dass sie leistungsfähig sind. Die Eiche sichert sich anhand ihres Nährstoff- und Energieaustausches ihre Existenz. Aufgrund der unsicheren Lebenslage der Großeltern werden die Bedürfnisse nach Sicherheit nur schwach befriedigt. Umso mehr sind die Bedürfnisse nach Stabilität sowie die soziale Anerkennung der beiden Waldbesucher erfüllt. Ebenso ist mein Schlafbaum in seinem Umfeld anerkannt, da er gegenüber seinen Nachbarbäumen eine vorherrschende Stellung einnimmt.

Ebenfalls kann meine Eiche aufgrund ihrer Stellung mehr Früchte produzieren als ihre Nachbarbäume. Im Vergleich dazu trägt einer der Waldbesucher in seiner leitenden Funktion in der Organisation zu deren Entwicklung bei. Sein Berufsstolz steigt.

Argumentiere ich, dass die Eiche mit dem erfolgreichen Keimen ihrer Eicheln ihren Lebenssinn verwirklicht, so könnten die Waldbesucher sich selbst verwirklichen, wenn sie Eltern würden. Wie sehen Sie diesen Zusammenhang?

Ich ordne also die Bedürfnisse der Waldbesucher und diejenigen der Eiche den gleichen Kategorien zu. Es gibt welche, die sich in der heutigen Zeit bei uns ganz einfach erfüllen lassen. Andere, wie die soziale Anerkennung und die Verwirklichung seines Selbst, lassen sich schwieriger befriedigen, da wir immer nach mehr streben!

Nun sinniere ich die ganze Zeit über die Bedürfnisse meiner Eiche. Was sind aber meine eigenen Bedürfnisse? Lassen sich diese auch so zuordnen? Ja, ganz bestimmt! Mit Ruhe und einem distanzierten Blick lerne ich mehr über mich! Reflektieren auch Sie über sich selbst! Ein Waldspaziergang mag Wunder bewirken!

Diese Imagination geht auf die Bedürfnispyramide nach Maslow[5] ein. Darin sind die fünf grundlegenden Bedürfnisse der menschlichen Motivation beschrieben. Diese sind die physiologischen Bedürfnisse; die Sicherheitsbedürfnisse; die Bedürfnisse nach Zugehörigkeit und Liebe; die Bedürfnisse nach Achtung und die Bedürfnisse nach Selbstverwirklichung.

---

5 Maslow (2014: 72ff.).

Bedürfnisse nach Selbstverwirklichung: junge Bäume

Bedürfnisse nach Achtung: Produktion von Blüten und Früchten

Bedürfnisse nach Zugehörigkeit und Liebe: Stellung innerhalb Nachbarbäume

Sicherheitsbedürfnisse: Nährstoffaustausch

Physiologische Bedürfnisse: Nährstoffe

Mein Orchester

Kurz vor Mittag pflege ich einen Streifzug durch mein Wäldchen zu machen. Dabei springe ich von Ast zu Ast der verschiedenen Bäume. Gerade im Frühling ertappe ich mich, wie ich mich wieder rascher durch das Kronendach bewege. Ich bereite mich auf die alljährliche Paarungszeit vor. Das Ritual bei uns dabei ist, dass das Weibchen zuerst das herannahende Männchen von ihrem Schlafplatz vertreibt. Danach flüchtet das Weibchen vor dem Männchen, bis es zur Paarung im Nest des Weibchens kommt.

So kommen mir beim heutigen Streifzug die Erinnerungen an mein letztjähriges Paarungsritual hoch. Der ganze Vorgang lief so wie beschrieben ab. Während der einzelnen Phasen meldete sich immer wieder meine innere Stimme. Verhalte ich mich richtig? Was bedeutet richtiges Verhalten? Welcher Stimme soll ich denn folgen? Was wird von mir erwartet? Was erwarte ich von meinem Gegenüber? Es war, als ob ein inneres Orchester spielte, das unter meiner Leitung stand. Mein Ziel war es, aus den verschiedenen Stimmen ein harmonisches Ensemble zu machen. Die verschiedenen Stimmen meldeten sich jedoch unterschiedlich stark, zu unterschiedlichen Zeitpunkten und manchmal angekündigt oder völlig unerwartet. Sie wirkten auf mich auch unterschiedlich ein. Einige Stimmen unterband ich sofort, bei anderen wusste ich nicht recht, wie ich sie führen sollte und anderen vertraute ich intuitiv.

Ich merke, wie in mir das ganze Gefühlskarussell wieder in Fahrt kommt. Soll das dieses Jahr wieder so ablaufen? Oder wie kann ich meinen inneren Stimmen bewusster begegnen? So bleibe ich nachdenklich auf einem Buchenzweig sitzen und schaue in die Runde der verschiedenen Baumarten, die sich um die Buche befinden. Es sind alles gute Bekannte von mir, deren Charakter ich während meines Daseins in diesem Wäldchen kennengelernt habe.

So erscheinen zu meiner Rechten eine junge Esche und ein fast gleichaltriger Bergahorn. Daneben gesellt sich eine vollschlanke Fichte mit einer kurzen Krone. Diese ist von einer behäbigen Buche begleitet. Meine Eiche, die mir als Schlafplatz dient, folgt anschließend. Als Abschluss der Runde ragt die Lärche zu meiner Linken hervor, auf welcher sich eines meiner Vorratslager befindet. Und im kleinen Lichtschacht im Vordergrund, der sich durch eine umgefallene alte Fichte ergeben hat, streckt sich eine Birke empor.

Ja, die Birke hat sich sehr schnell auf dem Wurzelteller der Fichte etablieren können. Obschon ich mich gar nicht erinnern kann, dass es in meinem Wäldchen irgendwo eine alte Birke gäbe. Ihre Stärke ist es, dass ihre kleinen Früchte weit fliegen und auf kargem Boden ohne allzu viel Vegetation ansamen können. Da ihre Wurzeln mit einem relativ geringen Wurzelraum auskommen können, reicht der Wurzelteller der Fichte bestens. Ihre herabhängenden Blätter erscheinen bei einem lauen Lüftchen im Licht des Abendrots, als ob sie ein Ballett aufführen würden. Das fasziniert mich immer wieder aufs Neue und hebt sich angenehm von der dahinter wachsenden ehrwürdigen Eiche ab.

Meinen innig geliebten und so vertrauten Nestplatz auf dieser mächtigen Eiche habe ich von meiner Mutter übernommen, seit

Gedenken wird er von unseren Vorfahren genutzt. So ist diese Eiche sicher mehr als zweihundert Jahre alt. Sie hat allen Widrigkeiten getrotzt und noch heute fühle ich mich bei ihr sicher, denn ihre Wurzeln sind tief und fest verankert. Ihre relativ dicke Schuppenborke schützt das Holz bestens und bietet zugleich Unterschlupf für unzählige Insekten. Können Sie sich vorstellen, dass an einer Eiche bis zu fünfhundert verschiedene Lebewesen existieren können? Ich selbst ernähre mich von ihren Eicheln. Ihr Holz ist sehr fest, hart und schwer. Einzig ältere Äste werden brüchig, sodass ich gewisse Äste meide oder mich sehr vorsichtig darauf bewege.

Auch bei einer Esche werden im Laufe ihres Alterungsprozesses die knorrigen längeren Äste abfallen. Soweit ist die junge Esche, die zu meiner Rechten steht, noch lange nicht. Sie hat einen hohen schlanken Stamm und wächst zielstrebig dem Sonnenlicht entgegen. Ihre gezielten und sparsamen Astverzweigungen sind mit unpaarig gefiederten Blättern versehen. Eines der Markenzeichen der Esche sind ihre samtschwarzen, breit-eiförmigen Endknospen an den Ästen. Schon bald wird diese junge Esche schmale, längliche und flachgedrückte Flügelnüsse produzieren, welche durch den Wind verbreitet werden. Mein Dienst als Früchte-Verteiler, so wie bei der Eiche, wird also nicht beansprucht; schade.

Ebenso unabhängig ist der junge Bergahorn neben der Esche, dessen Propellerfrüchte sich im Wind treiben lassen. Es ist ein einzigartiges Schauspiel, das mich immer wieder ins Staunen versetzt.

Wie bei der Esche verzweigen sich die Äste gleichzeitig nach rechts und links. Das erschwert mir manchmal meine Entscheidungen, da ich drei Optionen habe, um mich im Kronendach fortzubewegen. Auf den Verfolgungsjagden nehme ich unbewusst immer diejenige Abzweigung, welche mich auf ein nächstes Kronendach führt. Überlege ich mir jedoch bewusst, mit welcher Abzweigung ich an einen bestimmten Ort innerhalb meines Wäldchens komme, kann ich zuweilen einige Zeit an einer Abzweigung verbringen, bis ich mich für einen Weg entscheide. Da die Krone des Bergahorns viel dichter als bei der Esche verästelt ist, kann ich mich bei meinen Verfolgungsjagden einfacher darin verstecken. Auch bieten die handförmig gelappten Ahornblätter einen besseren Schutz gegen Regen als die leicht gefiederten Eschenblätter.

Sie merken, ich ziehe den jungen Bergahorn der jungen Esche vor. Ich lasse mich von meiner inneren Stimme leiten – oder verleiten? Welcher meiner Stimmen soll ich denn folgen? Welche Bedürfnisse möchte ich mit der Assoziation an die verschiedenen Baumarten abdecken? Wie stark beeinflussen mich meine Erziehung oder Erfahrungen aus meiner Jugend?

Ich fühle, wie mein Gefühlskarussell sich wieder zu drehen beginnt. Ich sitze hier und schaue im Halbkreis auf die verschiedenen Bäume, die mir während meines bisherigen Lebens so vertraut wurden. Wann beanspruche ich welchen Baum und warum? Wie gehe ich damit um, dass ich dem Bergahorn den Vorzug gegenüber der Esche gebe? Ist das in jeder Situation hilfreich oder gäbe es Situationen, in denen ich mich für die Esche entscheide, auch wenn ich mit ihrer Handlungsstrategie nicht so vertraut wäre? Wie nehme ich alle Stimmen wahr, wenn einige lauter und verlockender tönen? Die Eiche, die mir und meiner Familie treu zur Seite steht, uns schützt und nährt, verkörpert eine starke Stimme, der ich bedingungslos folge und die ich selten hinterfrage. Wie würden meine Entscheidungen aussehen, wenn ich die Stimme der Eiche einmal in den Hintergrund stelle und anderen, weniger starken Stimmen den Vortritt gäbe? Wie würde ich mich dabei fühlen und wie selbstsicher würde ich meine neue Handlungsstrategie verfolgen?

Wie bringe ich nun Ordnung in mein Gefühlskarussell? Was ist überhaupt mein Idealzustand, den ich erreichen möchte? Mir geht

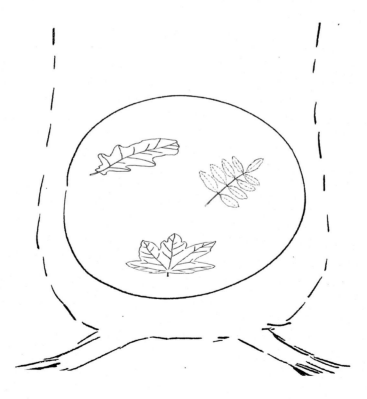

es darum, dass ich mich während des Paarungsrituals ruhiger und selbstsicherer verhalte und zu meiner Entscheidung stehen kann.

Daher möchte ich herausfinden, welche vordergründigen und vor allem versteckten Treiber meine verschiedenen inneren Stimmen leiten. Ich richte mich dabei aus, meinen Idealzustand zu erreichen. So möchte ich nicht einfach die Stimmen unterbinden, welche mein Verhalten negativ beeinflussen. Denn auch von diesen eher negativ besetzten Stimmen geht Energie aus, die sich in positive Energie umwandeln lässt.

So betrachte ich eine innere Stimme immer von beiden Seiten. Es ist, als ob jede Stimme einen Gegenspieler hat. Dabei ist es ausschlaggebend, dass sie miteinander in Einklang kommen und sich nicht gegeneinander auflehnen. Betrachte ich meine Eiche, erkenne ich einerseits eine langjährige Vertraute und andererseits ein unberechenbares Risiko. Ich weiß aufgrund ihres Alters nie, ob und wann einer ihre Äste plötzlich abbricht, wenn ich darüber laufe.

Welche Stimmen erkenne ich, wenn ich von meinem Buchenzweig aus in die Runde der verschiedenen Baumarten blicke? Wie wäre es, wenn ich die Stimmen der Birke, Esche, des Bergahorns, der Lärche, Fichte und Eiche alle räumlich aufstelle, um die Beziehungen untereinander zu erkennen? Wie würden sich die Gegenspieler dieser Stimmen verhalten?

Ich konzentriere mich darauf, herauszufinden, welche Stimmen respektive welche Gegenspieler mich unterstützen, um meinen Idealzustand zu erreichen. Welche Potenziale brauche ich für meine Entwicklung? Werde ich mir darüber bewusst, kann ich die anderen Stimmen verbannen. Bin ich mir ebenfalls im Klaren, welchen Denk- und Wahrnehmungsmustern ich folge, kann ich mir die Fähigkeit aneignen, mit mehrdeutigen und abweichenden Einstellungen umzugehen. Ist es mir beim Paarungsritual zum Beispiel wichtig, ob ich mich während den Verfolgungsjagden in den Kronen der Bergahorne verstecken kann oder ob ich in den Eschenkronen für mein Gegenüber besser erkennbar bin? Was beabsichtige ich wann mit welcher Strategie? Es geht darum, dass ich meine eigene Rolle kläre und mein Team der inneren Stimmen bewusster strukturiere.

Bislang bin ich davon ausgegangen, dass sich mein Verhalten während des Paarungsrituals auf meinen eigenen inneren Stimmen beruht. Was wäre, wenn mein Gefühlskarussell mir unbewusst signalisiert, dass ich gar nicht möchte, dass sich ein anderes Eichhörnchen in meinem Waldgebiet aufhält? In diesem Falle müsste ich das Gespräch mit ihm suchen und ihm mein Bedürfnis mitteilen.

Wie gehen Sie mit Ihren verschiedenen inneren Stimmen in einer bestimmten Situation um? Befassen Sie sich bewusst mit Ihren inneren Stimmen, indem Sie sie benennen und deren Beziehung untereinander aufzeichnen? Oder verbannen Sie einige Stimmen, um sich auf diejenigen zu fokussieren, welche das Entwicklungspotenzial haben, um Ihren Idealzustand zu erreichen? Nach welchen Denk- und Wahrnehmungsmustern handeln Sie? Haben Sie schon anderen inneren Stimmen oder deren gegenübergestellten Stimmen vertraut?

Falls Sie sich bereits damit auseinandergesetzt haben oder es noch tun werden, bin ich um einen Erfahrungsaustausch mit Ihnen dankbar. Sie wissen ja, wo Sie mich am ehesten finden; in einem Mischwäldchen mit engem Kronenschluss und dichter Strauchschicht. Bis bald!

Das Orchester meiner inneren Stimmen visualisiert das Innere Team nach Schulz von Thun[6]. Dieses Persönlichkeitsmodell unterstützt uns, unser Verhalten in bestimmten Situationen wahrzunehmen, zu reflektieren und unsere Persönlichkeit weiterzuentwickeln.

---

6 Schulz von Thun (2008: 21ff.).

Meine Widerstandskraft

Heute Nachmittag versammeln sich Interessierte, um am allmonatlichen Waldtreff, den der hiesige Förster organisiert, teilzunehmen. Aus den Baumkronen heraus beobachte ich, wie sich nach und nach eine kunterbunt zusammengewürfelte Gruppe versammelt, um den Ausführungen des Försters zu lauschen. Seine einleitenden Worte sind mir bereits bestens vertraut, da ich regelmäßig am Waldtreff teilnehme. Dadurch lerne ich, mein Wäldchen aus einer anderen Perspektive zu betrachten. Das hilft mir, bestimmte Vorgänge, welche mir bis anhin ein Rätsel waren, zu verstehen.

Heute geht es um Krankheiten an Waldbäumen. Der Förster beginnt sogleich am Treffpunkt und zeigt auf eine Buche. „Was sehen Sie? Gibt es etwas, das Ihnen auffällt oder das Sie in dieser Art und Weise das erste Mal sehen?" Die Teilnehmer nähern sich der Buche. Einige beginnen die Blätter zu betrachten, andere befühlen die Rinde, wiederum andere schauen ins Kronendach. „Hier, an einigen Blättern zeigt sich vom Hauptnerv ausgehend eine unregelmäßige braune Verfärbung. Oh, weiter am Trieb sind die Blätter sogar welk. Was ist das? Ist es etwas Schlimmes?"

„Es ist die Blattbräune; eine Krankheit, die durch einen Pilz entsteht. Zum Glück schädigt der Pilz den Baum nicht, auch wenn die Krone stark befallen wäre. Im nächsten Jahr mag der Baum wieder völlig normal aussehen."

Ein anderer Teilnehmer meldet sich. „Kommen Sie hierher. Die Rinde ist am Ast offen. Ich sehe das Holz. Irgendwie versucht der Baum, die Wunde zu schließen. Es scheint ihm jedoch nicht zu gelingen. Es sieht böse aus."

„Ja, der Pilz, der diese Krankheit verursacht, ist hartnäckig. Obschon der Baum versucht, die Wunden zu schließen, greift der Pilz immer wieder an. So kann sich über mehrere Jahre ein offener Baumkrebs entwickeln, gegen den wir machtlos sind. Die Buche wird absterben."

Die Gruppe geht weiter und ich folge ihr. Während ich von Ast zu Ast springe, denke ich über das eben Gehörte nach. Auch Bäume können krank werden. Ihre Symptome ähneln denen von Menschen und Tieren. Es gibt Krankheiten, die offensichtlich heilbar sind und andere, die zum Tode führen. Was können wir dagegen tun? Die Gruppe hält an. Wir befinden uns bei einer Reihe von jugendlichen Eschen, die neben jungen Bergahornen emporstreben. Der Förster beginnt seine Ausführungen.

„Wir stehen hier vor einem Bestand mit 20 bis 25 Jahre alten Eschen und Bergahornen. Was fällt Ihnen auf? Ich entnehme Ihrem Gesichtsausdruck, dass Sie irritiert sind. Ist es die sehr lichte

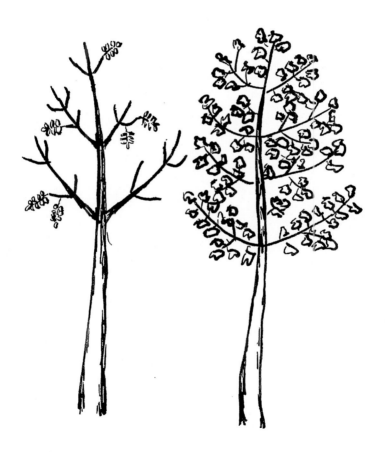

Krone der Eschen mit ihren welkenden, braun verfärbten Blättern und im Vergleich dazu die intakte Krone der Bergahorne?" Die Teilnehmer nicken.

„Es handelt sich um eine ziemlich neuartige Krankheit an der Esche; die Eschenwelke. Lange Zeit wussten wir Forstleute nicht, was die Ursache dieser Krankheit ist. Wir bemerkten so wie hier, dass sich die Blätter braun verfärbten und zu welken begannen. Ebenso wurde der Haupttrieb der Rinde beschädigt

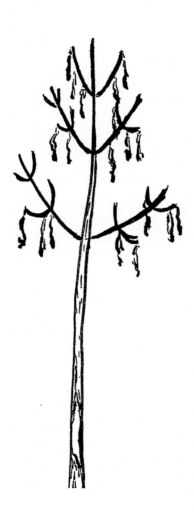

und das Holz verfärbte sich grau-braun. Ein Jahr später erschien wieder das gleiche Krankheitsbild; auch an Eschen in anderen Waldgebieten. Heute wissen wir, dass Pilzsporen diese Krankheit übertragen. Die Sporen dringen über das Blatt in den Zweig und so in den Hauptstamm ein. Indem der Pilz die Wasserleitbahnen des Baums beschädigt, wird die Krone nicht mehr mit Wasser versorgt. Die Blätter beginnen zu welken und die Krone wird kahl. Der Baum kann absterben. Da sich die Pilzsporen im Wind sehr weit verbreiten können, hat diese Krankheit an jungen wie auch an alten Eschen in den letzten Jahren stark zugenommen. Die Experten glauben, dass es auch resistente Eschen gäbe. Ich selbst habe schon bemerkt, dass in einem Bestand nicht alle Eschen befallen werden. Sehen Sie hier. Diese Esche scheint sich völlig normal zu entwickeln, obschon die benachbarten Eschen alle die Symptome der Krankheit aufweisen."

Ein junger Mann tritt in den Vordergrund. „Erlauben Sie mir eine Bemerkung? Während Sie erklärten, entstand in meinem Kopf ein neues Bild. Ich betrachtete die kranken Eschen und fand mich unter meinen Arbeitskollegen wieder. Ich beobachte, wie die Energie aus einigen meiner Kollegen verschwunden ist. Als ich sie kennenlernte, waren sie voller Elan und Ideen. Heute erscheinen sie mir matt und antriebslos. Auch sind sie oft nicht bei der Sache und scheinen ihre Bedürfnisse selbst nicht mehr wahrzunehmen. Zuweilen befürchte ich, dass sie sich selbst entwerten. Es ist, als ob ihre Köpfe selbst welken würden. Meine Kollegen wuchsen wie die jungen Eschen hier zielstrebig der Sonne entgegen. Später erkannten sie, dass sie ihre Ideale nicht erreichen konnten. Ihre Lebensfreude nahm ab. Dadurch öffnete sich die Tür für ernsthaftere Erkrankungen und ein selbstentwertendes Verhalten. Es ist wie der Pilz, der vom Blatt über den Ast in den Stamm kam und nun die Wasserzufuhr unterbrach, sodass die Krone zu welken und sich das Holz zu verfärben begann. Sie sagten vorher, dass es resistente Eschen gäbe. Auch bei uns Menschen gibt es solche, die resistenter gegenüber Stress, Misserfolgen oder Schicksalsschlägen als andere sind. Wir bezeichnen dies als Resilienz, das heißt psychische Widerstandsfähigkeit. Daher ist es wichtig, dass wir unser Inneres stärken, um ein Burn-out zu verhindern. Was meinen Sie alle dazu? Können Sie mein Bild erkennen? Welche Erfahrungen haben Sie in Ihrem Umfeld gemacht und wie fördern Sie Ihre Widerstandsfähigkeit?"

„Danke für Ihre wertvolle Bemerkung. So durchlaufen in Ihrem Bild die erkrankten Eschen und die Burn-out gefährdeten Menschen einen ähnlichen Prozess. Diese Sichtweise ist neu und bereichernd für mich. Um auf Ihre Frage zur Förderung der Widerstandsfähigkeit zurückzukommen, so sind meines Erachtens vitale Bäume resistent. Das sind Bäume, welche mit den vorherrschenden Umweltbedingungen so zurechtkommen, dass ihre Krone und ihr Wurzelraum sich bestmöglich ausbilden. Das heißt, sie sind widerstandsfähig gegenüber schädlichen Umwelteinflüssen und ihr Potenzial zur Fortpflanzung ist hoch. Das ist meine Sicht als Förster. Kann vielleicht jemand unter den Teilnehmern den psychologischen Aspekt von Resilienz erklären?"

Bevor ich es mir wieder auf meiner Astgabel gemütlich mache und das eben Gesagte einzuordnen versuche, meldet sich eine Teilnehmerin zu Wort.

„Ja, Resilienz funktioniert nicht anders als ein ‚Stehaufmännchen'. Dabei kann eine Person nach einer Veränderung wieder in ihr Gleichgewicht finden, ohne dass sie ihre Identität aufgibt. Je weniger sich eine Veränderung auf das Innere einer Person auswirkt und desto früher sie von der Person selbst wahrgenommen und akzeptiert wird, desto einfacher kann sich eine Person im Idealfall selbst wieder aufrichten. Es hängt von der inneren Einstellung ab, wie gut jemand eine Veränderung meistern kann. So ist es wichtig, sich selbst und seine Rolle im Umfeld zu kennen, um seine eigene Widerstandsfähigkeit zu stärken. Das beinhaltet, sich der eigenen Motive, welche einen antreiben, bewusst zu sein. Ebenso bedeutsam ist es, seine eigenen Grenzen zu erkennen und sie je nach Situation zu wahren oder zu öffnen, um aus sich selbst heraus sowie in seinem Netzwerk Halt zu finden. Zudem ist es entscheidend, sich von seinen „Muss-Vorstellungen" zu lösen und solche Aktivitäten zu verfolgen, welche die eigene Lebensenergie stärken. Es ist nichts anderes als ein steter Lernprozess im Umgang mit sich selbst. Das trifft für Menschen zu, die aus ihren eigenen Ressourcen noch Kraft schöpfen können. Menschen, die traumatisiert wurden, haben oftmals keine eigenen Ressourcen mehr. Sie können sich daher kaum aus eigenem Antrieb, so wie ein ‚Stehaufmännchen‘, aufrichten."

Diese Worte verklingen, ohne dass jemand anders seine Stimme erhebt. Ich schaue aus meiner Baumkrone herunter und bemerke, dass alle in Gedanken versunken sind. Auch ich denke über diese Worte nach. So ist primär jeder für sich selbst verantwortlich, sein Inneres zu festigen. Das setzt voraus, sich selbst zu kennen und genügend eigene Ressourcen zu besitzen. Irgendein Erlebnis kann jedoch jemanden, der noch so stark ist, aus der Bahn werfen. Es ist wie der Pilz bei der Esche. Er dringt unerwartet ein und schwächt den Baum. Daher ist es in solchen Situationen umso entscheidender, einen Rückhalt aus seinem Umfeld, sei es Familie, Freunde oder Arbeitskollegen, zu erhalten.

Erschrocken über meinen letzten Gedanken stelle ich fest, dass ich als Einzelgänger weniger in Kontakt mit anderen stehe. Mit wem kann ich mich austauschen, wenn ich eine schwierige Situation zu meistern habe? Sicherlich, meine Haltung und mein Bewusstsein über mich selbst sind entscheidend. Dennoch erscheint es mir ratsam, mich von Zeit zu Zeit mit meinen Eichhörnchen-Kollegen auszutauschen, um durch sie über mich zu lernen. Kann ich mich allenfalls auch an Sie richten, liebe Waldbesucher?

Dieses Waldbild thematisiert die Entwicklung von Resilienz[7], um Krankheiten wie Burn-out vorzubeugen. Burn-out ist eine Stresserkrankung, die sich durch emotionale Erschöpfung, Zynismus und schlechtere Bewertung der eigenen Leistungen zeigt. Um ein Burn-out zu vermeiden, respektive die persönliche Widerstandsfähigkeit zu stärken, ist der Umgang mit seinen eigenen Ressourcen entscheidend; das heißt, wie jemand denkt, fühlt, sich motiviert, körperlich fit hält und sozial verankert ist.

---

7 Wellensiek (2011).

Meine und unsere Eicheln

Wie jeden Nachmittag erkunde ich auch heute mein Wäldchen, ob sich etwas Spezielles ereignet hat. Auf diesem Rundgang vergewissere ich mich, dass ich meine Vorratskammern und meine im Boden eingegrabenen Schätze wieder finde. So klettere ich zufrieden über meine hervorragende Nahrungssituation von einem Buchenstamm herunter, um mein letztes Lager im Waldboden zu inspizieren. Kaum am Stammfuß angekommen, bemerke ich, dass der ganze Boden umgepflügt ist.

Aha, meine Kollegen, die Wildschweine sind wieder einmal vorbeigekommen. Aus meinem Unbewussten meldet sich bereits eine Stimme in mir, die mich zu beruhigen versucht. „Sei unbekümmert, sie haben dein Eichellager nicht ausgeraubt."

Nichtsdestotrotz wird mein Gang schneller, da das Ausmaß der Bodenverwüstung enorm ist. Nun sehe ich, dass an der Stelle, an der sich mein Eichellager befindet, die Erde ebenfalls aufgewühlt ist. Noch nicht einmal dort ankommen, beginnt sich wieder eine meiner inneren Stimmen zu melden. „Diese Rüpel, wie können sie schon wieder eines meiner Lager leergeräumt haben? Wissen sie nicht, dass ich mein Lager in harter Arbeit aufgefüllt habe? Und wo sind die Jäger, die sollten doch dafür sorgen, dass sich die Wildschweine nicht beliebig vermehren!"

Jetzt stehe ich vor meinem Lager, das vollkommen ausgeraubt ist. Vor Ärger beginne ich in der Erde zu wühlen und finde noch eine letzte Eichel. Ich öffne sie und beginne daran zu knabbern.

Ich fühle, wie ich ruhiger werde. Meine Gedanken schweifen ab. Ich sehe mich auf dem Dach des Jagdhochsitzes, auf welchem ich letzten Herbst ein Gespräch belauscht habe. Das Jagdhorn hatte bereits das Ende der Jagd verkündet, als sich ein Jäger zu seinem Kollegen auf den Hochsitz gesellte.

Der eine berichtete, wie seine Frau ein Seminar zu Gewaltfreier Kommunikation besuchte. Dabei durfte seine Frau zu Beginn erklären, was ihr Mann als Jäger tue, da sich einige Teilnehmer des Seminars an der Jagd als solcher störten.

Ich lernte daher, dass ein Jäger verantwortlich ist, den Wildtierbestand zu pflegen. Das heißt, er reguliert die Wildtierdichte, damit der Wildtierbestand gesund und ihr Lebensraum, vor allem der Wald, in seiner Vielfalt erhalten bleibt. Daher ist es den Jägern ein Anliegen, mit Respekt und Sorgfalt diejenige Anzahl an Tiere zu erlegen, welche zuvor in einer Abschussplanung mit den lokalen Behörden festgelegt wurde.

Damals fügte seine Frau im Seminar hinzu, dass sie mit ihrer Erläuterung zur Jagd dazu beitrug, negative Einstellungen, die uns beherrschten, in positive umzuwandeln. Es ist nichts anderes als das Grundprinzip der Gewaltfreien Kommunikation, das auf empathischem Zuhören beruht. Das heißt, wir nehmen mit unserer ganzen Aufmerksamkeit und von Herzen teil. Das ist so, als ob wir beim Beobachten eines Wildschweine-Harems ihre Gefühle und Bedürfnisse erfahren würden.

Der Jäger erklärte anschließend die vier Schritte der einfühlsamen Kommunikation am Beispiel der Wildschweine.

„Der erste der vier Schritte ist es, die Situation zu beobachten, ohne dabei zu werten. Das heißt, ich schaue den Wildschweinen zu und versuche, ihren Charakter und ihr Verhalten zu erkennen. Ich behandle jedes Tier wertfrei und mit Respekt. Der zweite Schritt ist es, sich seiner eigener Gefühle bewusst zu werden. So sehe ich einen Wildschweine-Harem, der sich am Boden suhlt. Ich fühle, wie sich mein Herz erwärmt, da sich die Wildschweine wohl fühlen, sich in der Erde zu wälzen. Ein Gefühl

von Vertrautheit, aber auch ein bisschen Neid kommt in mir hoch. Einerseits erinnert mich dieser Anblick an die wunderbaren Badeferien, die ich immer mit meiner Familie verbrachte. Andererseits spüre ich, wie ich es vermisse, so unbekümmert zu wirken wie die Wildschweine.

Im dritten Schritt gilt es sodann, seine Bedürfnisse wahrzunehmen und zu äußern. Ich merke, wie ich mir so ein intaktes Familienleben wünsche. Wenn ich nun durch einen unplatzierten Schuss dieses Familiengefüge der Wildschweine gefährde, indem ich das Leittier erledige, würde die Familie auseinanderbrechen. Es ist mir daher ein Anliegen, dass sich der Wildschweine-Harem ruhig am Boden weitersuhlt, damit ich mit voller Konzentration einen platzierten Schuss abgeben kann und das Familiengefüge intakt bleibt. Das entspricht dem vierten Schritt, in dem ich an mein Gegenüber bewusst eine spezifische Bitte richte, welche mein eigenes Anliegen aufnimmt. Bitte, ihr Wildschweine, haltet euch einen Moment still, sodass ich einen gezielten Schuss abgeben kann und ich euer Familiengefüge nicht zerstören werde."

Ich wache aus meinen Gedanken wieder auf und schaue um mich. Mein Eichellager ist von den Wildschweinen komplett geplündert worden. Wie gehe ich damit um, sodass sich ein solcher Vorfall nicht wiederholt? Kann ich diese vier Schritte der einfühlsamen Kommunikation anwenden? Wenn ja, so versuche ich nun herauszufinden, welche Gefühle hinter meinen Bedürfnissen verborgen sind und wie ich meine Bedürfnisse in Zukunft wahren kann.

Ich beobachte, dass Wildschweine meine Vorräte ein weiteres Mal geplündert haben. Im Vorfeld meldeten sich zweimal meine inneren Stimmen; die eine war beunruhigt und die andere war verärgert. Welches Gefühl erwachte in mir, als ich bemerkte, dass meine Eicheln weg waren? Ich fühlte mich sehr impulsiv und zornig; aber auch hilflos und besorgt. Daher scheint mir eines meiner Bedürfnisse nämlich die Sicherheit zu sein, dass ich im Winter genug Nahrung habe. Darüber hinaus möchte ich mich wertgeschätzt fühlen. Dies bedeutet, dass andere mein Vorratslager und auch mich als Individuum wahrnehmen und respektieren.

Wie formuliere ich nun meine Bitte, die ich an die Wild-schweine richte, sobald ich sie das nächste Mal treffe? Es ist dabei wichtig, dass ich genau weiß, was ich möchte und dies klar, verständlich und in positiver Art und Weise ausdrücke; wie „ich bitte euch, dass ihr meine Eichellager als meine Vorratskammern anerkennt und mich als Waldbewohner respektiert". Was tue ich, wenn sie mir nicht zuhören? Kann ich gegen diese Riesen überhaupt etwas bewirken? Nun merke ich, wie sich wieder meine inneren Stimmen melden; Stimmen des Zweifels und des mangelnden Selbstwertgefühls.

Wie kann ich nun mit diesen inneren Stimmen umgehen? Was hat einer der Jäger im Hochsitz gesagt? Einer meinte: „Jeder hat sich selbst Empathie entgegenzubringen, bevor er einfühlend Kontakt mit anderen aufnimmt. Das heißt, auf seine eigene innere Stimme zu hören." So werde ich auf meine mir so vertraute Eiche zurückkehren und bewusst in mich gehen, um meine Gefühle und Bedürfnisse wahrzunehmen. Sobald ich mich selbstsicherer fühle, werde ich das Gespräch mit den Wildschweinen suchen. Falls es mir nicht gelingt, mir selbst Empathie entgegenzubringen, richte ich mich an Sie, lieber Waldbesucher. Seien Sie für mich da, mir wertfrei und mit Ihrem ganzen Wesen zuzuhören! Herzlichen Dank im Voraus.

Diese Waldszene verdeutlicht den Ansatz der Gewaltfreien Kommunikation nach Marshall Rosenberg[8]. Dabei ist die eigene Haltung entscheidend, um im Gespräch sich zuerst seiner eigenen Gefühle und Bedürfnisse bewusst zu werden. Erst dann ist es möglich, einfühlsam auf die Bedürfnisse des Gegenübers einzugehen. Dieser Ansatz der einfühlsamen Kommunikation beruht auf den vier Schritten: Beobachten, Fühlen, Bedürfen und Bitten.

---

8 Rosenberg (2013).

Unser gemeinsames Interesse

Diskutierende Stimmen wecken mich aus meinem Nachmittags-schläfchen auf. Noch etwas benommen schaue ich mich um, woher die Stimmen kommen. Aha, von der Waldstraße, die nachmittags immer von vielen Waldbesuchern benutzt wird. Dieses Mal sind es eine ältere Person mit einem Hund und ein Biker. Ich nähere mich ihnen durch die Baumkronen, bis ich von einem Bergahorn direkt auf die beiden hinunterschauen kann. Mittlerweile hat der Hunde-besitzer seinen Hund angeleint und ihn zum „Platz" aufgefordert. Der Biker hat sein Rad aufgerichtet. Er scheint unverletzt geblieben zu sein. Ich höre nun den Disput der beiden laut und deutlich.

„Sie rauschen von hinten an uns vorbei, ohne sich bemerk-bar zu machen. Haben Sie das Gefühl, Sie seien der einzige Er-holungssuchende im Wald?"

„So stimmt das nicht. Sie haben Ihren Hund nicht angeleint. Wenn ich mich bemerkbar gemacht hätte, wäre Ihr Hund auf mich losgesprungen."

„Wie einfältig sind Sie eigentlich? Sie haben nun selber ge-sehen, dass mein Hund Ihnen nachgerannt ist, weil Sie ihn er-schreckt haben. Und Sie haben meinen Hund von Ihrem Velo herunter getreten. Wären Sie wegen einer Unebenheit in der Straße nicht gestürzt, hätten Sie nicht einmal angehalten. Sie wären unbekümmert weitergefahren. Ist es nicht so?"

„Also hören Sie. Ich habe das Recht, auf einer Waldstraße zu fahren. Auch hier gibt es Regeln zu beachten. Zumal ist doch während der Wildschonzeit Leinenpflicht. Ich werde Sie wegen fahrlässigen Verhaltens anzeigen!"

„Jetzt ist aber genug! Diese Waldstraße ist als kantonaler Wander-weg festgehalten. Sehen Sie den gelben Rhombus am Baum? Das heißt, die Fußgänger haben Vorrang. Das ist so wie in einer Fuß-gängerzone in der Stadt. Da müssen Ihresgleichen den Fußgängern auch den Vortritt lassen. Nichts da, von wegen fahrlässiges Ver-halten! Sie verhalten sich nicht regelkonform!"

Von meiner Astgabel schaue ich diesem Pingpong von An-schuldigungen gespannt zu. Es ist ein Hin und ein Her von Aus-sagen, die wie ein Pingpongball versuchen, einen Treffer zu erzielen, um schlussendlich das Spiel gewinnen zu können. Bei jeder Aus-sage wird der Standpunkt des Einzelnen erhärtet. Anstatt auf das Ge-hörte einzugehen, so scheint es mir, rechtfertigt jeder seine Position.

Vor einiger Zeit habe ich per Zufall an einem Seminar im hiesigen Forstwerkhof teilgenommen. Auf meinem morgendlichen Er-kundigungstrip sah ich unzählige Personen in dunklen Anzügen durch den Wald marschieren. So einen Umzug hatte ich bis an-hin noch nie gesehen. Daher folgte ich ihnen, bis sie vor dem Forstwerkhof stoppten. Unbemerkt schlich ich in die Lagerhalle, um den weiteren Verlauf im Innern mitzuverfolgen.

Es stellte sich heraus, dass es sich um ein Seminar über Ver-handlungstechniken handelte. Nach einer Einleitung in die Thematik wurde das Harvard-Konzept des erfolgreichen Verhandelns im Detail vorgestellt.

Ich lernte, dass die Art und Weise einer Kommunikation entscheidend ist. So habe ich im Dialog mit einem Eichhörn-chen-Kollegen zu achten, dass wir auf der gleichen Wellenlänge miteinander sprechen und uns einfühlsam zuhören. Im Grunde wollen wir für uns beide die bestmögliche Lösung, auch wenn wir gegebenenfalls gegensätzliche Interessen verfolgen. Ich erinnere mich dabei an ein Beispiel mit einem benachbarten Eichhörn-chen. Wende ich nun gedanklich dieses Konzept an, orientiere ich mich an vier grundlegenden Faktoren:

Erstens sollen mein Kollege und ich unsere Beziehung und unsere Interessen getrennt voneinander betrachten. Manchmal streiten wir uns über die gleiche Eiche, da wir benachbarte Wald-gebiete bewohnen. Wie wir als Nachbarn zueinander stehen, hat keine Rolle zu spielen. Gemäß diesem Konzept geht es einzig um die Eiche, für welche wir uns beide interessieren.

Zweitens sollen wir uns nach unseren Interessen und nicht nach unseren Standpunkten ausrichten. Was interessiert mich an dieser Eiche? Was interessiert meinen Kollegen daran? Vergleiche ich dabei die Eiche mit der Orange, welche im Seminar als Beispiel erwähnt wurde, verstehe ich den Sachverhalt wie folgt: Sowohl ich als auch mein Kollege wollen die Eiche nutzen. Wir sind beide davon überzeugt, dass die Eiche jeweils im eigenen Waldgebiet steht.

Da wir unsicher sind, wo die Grenze unserer Waldgebiete wirklich verläuft, schlagen wir vor, dass jeder diejenige Hälfte der Eiche beansprucht, welche seinem Waldgebiet zugewandt ist. Wende ich nun den zweiten Schritt dieses Konzeptes an, teilen

wir unser Interesse gegenseitig mit. Ich bin an dieser Eiche aufgrund ihrer Größe und Erhabenheit interessiert. Wann immer mich etwas beschäftigt, suche ich sie auf und entspanne mich auf einer der vielen Astgabeln. Mein Kollege hingegen ist an der Eiche als Futterbaum interessiert. Aufgrund ihres Alters beherbergt sie einige Baumhöhlen, in welchen es sich anbietet, die Eicheln dieser Eiche gerade zu lagern.

Nun wissen wir beide, was uns an diesem Baum interessiert. Wir erkennen dabei, dass unsere Interessen kaum konkurrieren. Es ist vielmehr das Vertrauen und Verständnis in den anderen, welche es zu fördern gilt. So vertraut mein Kollege darauf, dass ich mich nicht an seinen Eicheln gütlich tue. Ich hingegen bitte ihn um Verständnis, mich nicht zu stören, wenn ich mich auf der Eiche entspanne. So sind wir uns als dritter Faktor dieses Konzeptes bewusst, dass jeder eine andere Absicht hat, wie er diese Eiche nutzen möchte. Somit können wir uns darüber unterhalten, wie und wann jeder von uns die Eiche besuchen kann. Soll es jederzeit möglich sein und es geht nach dem Motto, der Schnellere ist der Geschwindere? Würde in diesem Fall die Aufenthaltsdauer auf der Eiche beschränkt werden? Oder legen wir verbindliche Tage fest, an denen jeder von uns die Eiche ungestört besuchen kann? So merken wir, dass wenn wir uns austauschen, uns mehrere Möglichkeiten offenstehen, wie wir den Umgang mit unserer Eiche regeln wollen.

Was ist nun die beste Option? Um dies zu ermitteln, empfiehlt der vierte Faktor des Konzepts, die Optionen anhand vereinbarter Kriterien zu evaluieren. So können wir zum Beispiel das Wetter oder die Tages- respektive Jahreszeit festlegen, wer wann die Eiche nutzt. Um mich darauf zu entspannen, bieten sich sonnige Tage an. Auch zum Lagern der Eicheln bedingt es trockene Tage. Da ich mir meistens nachmittags Zeit für mich einräume, könnte mein Kollege jeweils am Morgen Eicheln sammeln und lagern. So würden wir uns auch an sonnigen Tagen nicht gegenseitig auf unsere Pfötchen treten.

All diese Gedanken entstanden, als ich dem Redner während des Seminars zuhörte. Ebenso fasziniert war ich von den Ausführungen des Försters, der als Betriebsleiter des Forstwerkhofs dem

Seminar die Räumlichkeiten zur Verfügung gestellt hatte. Nach der Einführungsrede erhielt er die Gelegenheit, diese Thematik aus seiner Perspektive zu erläutern.

„Im Wald gibt es zwischen Pflanzen sowie zwischen Pflanzen und Tieren Prozesse, die auf der Grundlage eines gemeinsamen oder eines gegensätzlichen Verhandelns beruhen. Ich beziehe mich auf symbiotisches und parasitäres Verhalten. Es existieren weitere Formen des Zusammenlebens, auf die ich hier einfachheitshalber nicht eingehen möchte.

Parasitismus ist eine Lebensform, in der ein Organismus von einem anderen profitiert. Der andere kann dabei geschädigt werden. Als Beispiel verweise ich auf die Mistel, die Sie gerne zu Weihnachten an Ihrer Haustür anbringen. Ihre Samen gelangen durch den Kot von Vögeln auf Äste. Dort keimen sie und dringen in die Baumrinde ein. Damit die Mistel wachsen kann, beansprucht sie Nährstoffe des Baumes. So profitiert die Mistel vom Baum, wohingegen der Baum keinen Nutzen von der Mistel hat. Sie schwächt ihn eher, da sie in sein Holz eindringt und ihm Nährstoffe entzieht.

Anders verhält es sich bei der Symbiose. Beide Lebewesen ziehen einen Nutzen aus der Interaktion. So ist für den Wald die Lebensgemeinschaft zwischen einem Pilz und einer Baumart sehr bedeutsam. Dabei hüllt der Pilz die Wurzeln des Baumes mit einem dichten Fadengeflecht ein. Der Baum profitiert, indem er verschiedene Nährstoffe erhält, welche der Pilz mit den feineren Wurzeln aufnehmen kann. Ebenso schützt das Fadengeflecht des Pilzes den Baum davor, dass giftige Schadstoffe in seine Wurzeln eindringen. Im Gegenzug erhält der Pilz für sein Wachstum vom Baum die aus der Sonne absorbierte Energie.

Beim Parasitismus profitiert nur ein Organismus, währenddessen bei der Symbiose eine Art Win-win-Situation eintritt, weil beide Lebewesen einen Nutzen von der Interaktion haben. Gehe ich richtig in der Annahme, dass das Harvard-Konzept wie eine Symbiose und nicht wie ein Parasitismus zu verstehen wäre?"

Mit dieser Abschlussfrage lancierte der Förster eine offene Diskussionsrunde unter den Seminarteilnehmern.

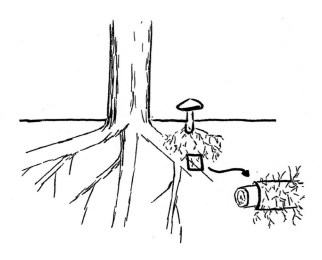

In Anbetracht des diskutierenden Hundebesitzers und des Bikers frage ich mich, wie es wohl wäre, wenn die beiden, anstatt auf ihren Standpunkten zu beharren, ihre gemeinsamen Interessen zu ermitteln versuchen. Beide wollen sich im Wald erholen. Was für eine Haltung wäre in einer solchen Situation anzustreben und wie wird den beiden Beteiligten ein Verhandeln nach dem Win-win-Prinzip bewusst?

Ich für mich würde gerade zu den beiden Erholungsuchenden hinunterklettern und ihnen von dieser Verhandlungstechnik erzählen. Na gut, das geht ja wohl nicht, da wir nicht dieselbe Sprache sprechen. Wie steht es mit Ihnen, lieber Leser? Sie haben die Möglichkeit, die Win-win-Gesprächsführung kennenzulernen, anzunehmen und anzuwenden. Besinnen Sie sich dabei auf mein Beispiel mit der Eiche oder auf dasjenige des Försters mit der Pilz-Baum-Interaktion zurück.

Diese Waldszene orientiert sich am Harvard-Konzept nach Roger Fisher und William Ury[9]. Es handelt sich um einen Dialog, in dem eine Übereinkunft aus gemeinsamen oder gegensätzlichen Interessen beabsichtigt wird.

9 Fisher/Ury (2009)

Unser Zusammenleben im Wald

Heute ist ein ganz besonderer Tag für mich. Ich erkunde die Waldgebiete außerhalb meines Wäldchens. Eine solche Entdeckungsreise mache ich nur einmal im Jahr. Sie gibt mir die Möglichkeit,
meinen Horizont zu erweitern und mit etwas Glück in Kontakt
mit einem anderen Eichhörnchen zu kommen. Nach meiner
morgendlichen Verpflegung klettere ich auf die Spitze meines
Futterbaumes, der Lärche, um einen Überblick über den ganzen
Wald zu gewinnen. Dieses Mal zieht es mich der Morgensonne
entgegen. Ich fixiere einige markante Bäume, an denen ich mich
auf meiner Exkursion orientieren werde.

So beginne ich meine Reise. Zuerst durchquere ich mein Wäldchen, das vorwiegend aus Buchen besteht. Wie Sie bereits wissen,
gibt es noch meine Eiche als Schlafplatz, meine Lärche als Vorratskammer, einige Eschen, Bergahorne und Hagebuchen, sowie
vereinzelt Tannen und Fichten.

Der Förster hat einmal an einem Waldtreff den Teilnehmern
mitgeteilt, dass es sich bei diesem Wäldchen um eine sehr weit ver-
breitete Waldgesellschaft in dieser Region handle. Er erklärte uns
damals den Begriff „Waldgesellschaft" als ein Waldgebiet, welches
aufgrund des jeweiligen Bodentyps eine spezifische Baumartenzusammensetzung vorweist. Anhand der verschiedenen Gras-,
Blumen- und Straucharten kann der Förster die jeweilige Waldgesellschaft ermitteln.

So befinden sich in meinem Waldgebiet tiefgründige und frische
Braunerdeböden, die sehr nährstoffreich sind. Daher erscheint
die Krautschicht in saftigem Grün. Daneben gibt es viele junge
Buchen, die im Schatten der älteren Bäume vorerst ausharren.

So bin ich neugierig, was mich erwarten wird, wenn ich mein
Wäldchen hinter mir gelassen habe. Nach einem intensiven Auf-
wärmspringen in den Baumkronen entscheide ich mich, einige
Schritte auf dem Waldboden zu machen. Schon als ich mich

dem Boden nähere, bemerke ich, dass sich die Krautschicht viel artenreicher als in meinem Wäldchen gestaltet. Schaue ich mich um, erkenne ich vorwiegend Hagebuchen- und Eichenstämme. Die glatt-grauen Stämme der Buche fehlen. Die Struktur dieses Waldgebietes ist anders als ich es gewohnt bin. Es ist eher zweischichtig, die kleineren Hagebuchen und die größeren Eichen. In meinem Wäldchen ist das Kronendach auf einer Schicht geschlossen. Spontan empfinde ich es einfacher, auf dem gleichen Höhenniveau durch die Baumkronen zu springen, so wie ich es in meinem Wäldchen tun kann.

Soll ich herausfinden, ob ich mich hier auch irgendwie auf gleicher Höhe durch die Kronen bewegen kann oder ob ich effektiv manchmal hinauf und manchmal hinunter muss? Warum nicht, ich bin ja am Entdecken! Also klettere ich auf die nebenstehende Eiche. In der Krone angekommen, wähle ich einen dicken Ast, sodass ich darauf möglichst weit hinauslaufen kann. Am Ende dieses Astes ist es tatsächlich so, dass die Äste des nächsten Baumes sich weiter unten befinden. Ich breite meine Arme und Beine aus, springe und benutze meinen buschigen Schwanz als Steuer. Sicher lande ich auf dem Ast einer Hagebuche.

Von dort bewege ich mich weiter, bis ich auf einen Eichenast treffe. So klettere ich wieder hoch, um mich einerseits zu orientieren, wie groß dieser Waldbestand wohl sei und andererseits, um „segeln" zu können. Oben angekommen, erscheint es mir, als wäre die Möglichkeit zum „Segeln" gleich vorbei. Es

zeigen sich mächtige Buchenkronen. Also genieße ich meinen voraussichtlich letzten Sprung und mache mich zum nächsten Waldbestand auf.

Dieser Bestand gleicht meinem Wäldchen. Bin ich vielleicht im Kreis herumgelaufen? Aber nein, ich erkenne, dass zwar die gleichen Baumarten vorkommen, aber deren Anordnung doch anders ist als in meinem Wäldchen. So bewege ich mich in vertrauter Art und Weise, obschon ich dieses Waldgebiet nicht kenne. Ich weiß jedoch, dass das Verhalten und das Zusammenspiel der Baumarten sehr ähnlich sind wie in meinem Wäldchen. So springe ich ohne lange zu überlegen von Ast zu Ast und von Baum zu Baum. Unbewusst entscheide ich mich richtig, obschon ich das Gebiet nicht kenne. Dieser Gedanke fasziniert mich. Vollkommen in meinem Gedanken versunken bewege ich mich weiter ostwärts. Ich weiß nicht, wie lange ich schon durch das geschlossene Kronendach laufe. Jedenfalls scheinen sich nun Struktur und Baumartenzusammensetzung zu ändern.

So klettere ich an einer Esche hinunter, um mir ein Bild zu verschaffen. Der Waldboden ist so dicht mit verschiedenen Sträuchern sowie lianenartigen Pflanzen überzogen, dass ich mir gar nicht auf dem Waldboden die Füße vertreten möchte. Ich weiß ja nie, was aus diesem Dickicht auf mich zugesprungen kommt. Abgesehen von den Eschen und Eichen kenne ich die anderen Baumarten nicht.

So beginnt mein Abenteuer nun richtig! Achtsam klettere ich wieder hoch und bewege mich weiter ostwärts; sehr konzentriert und mit offenen Augen und Ohren.

Plötzlich, wie aus dem Nichts, springt mir ein Kollege entgegen. Dieses Eichhörnchen schaut mich verschmitzt an und begrüßt mich mit den Worten „Du fühlst dich hier wohl ein bisschen unsicher?" Ich gehe nicht auf seine Äußerung ein und erwidere ihm: „Ich bin seit heute Morgen auf Entdeckungsreise. Du bist das erste Eichhörnchen, das mir bisher begegnet ist. Lebst du hier?"

„Ja, du befindest dich in meinem Revier. Wie gefällt es dir?"

„Dieses Waldgebiet ist ungewohnt für mich. Es gibt Bäume, die ich nicht kenne. So weiß ich noch nicht so recht, ob es mir hier gefallen wird. Führst du mich ein bisschen in deinem Wäldchen herum?"

„Ja, gerne, komm mir nach."

So springe ich frohen Mutes hinterher. An einem riesigen Baum mit einer groben Rinde klettern wir herunter. Es ist eine Pappel, wie ich belehrt werde. Zuunterst am Stammfuß sind Rinde und Holz beschädigt. Es ist der Biber. Ein völlig neuer Aspekt für mich. „Wie weißt du, welche Bäume er annagen wird? Oder anders gefragt, wo versteckst du deinen Vorrat, wenn der Biber beliebig Bäume zum Umfallen bringt? So verlierst du ja jedes Mal deine Vorratskammer?"

„Damit habe ich gelernt umzugehen. Entweder wähle ich Vorratskammern in Bäumen, die sehr weit vom Fluss entfernt sind oder ich vergrabe viel mehr im Boden. Aber auch das Vergraben im Boden hat seine Tücken. Da ich in einer Aue lebe, wird der Boden zeitweise überflutet. So kann es sein, dass meine Vorräte im Boden schimmelig werden."

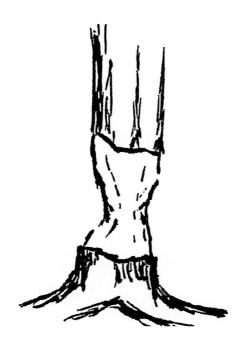

Unser Gespräch vertieft sich immer mehr und die Stunden vergehen wie im Flug. Ich lerne viel über diese Waldgesellschaft und wie mein Kollege gelernt hat, sich darin zurechtzufinden. Wir stellen fest, dass jede Waldgesellschaft eine eigene Kultur hat. Sei es die Baumartenzusammensetzung, die Struktur des Waldes, die Bodenbeschaffenheit, das Waldklima, die Lebewesen und der Umgang mit ihnen. Obschon es in beiden unserer Wäldchen Eichen hat, sehen diese aufgrund der unterschiedlichen Standortbedingungen unterschiedlich aus. Hier ist die Eiche von Eschen, Pappeln und Weiden begleitet. In meinem Wäldchen sind es Buchen und Bergahorne.

Auch ist meine Lebensweise leicht anders als diejenige meines Kollegen. Ich kann relativ unbekümmert meine Vorräte in Baumhöhlen oder im Boden vergraben. Einzig ärgere ich mich manchmal über die Wildschweine. Bei meinem Kollegen ist es vielmehr der Biber, der seine Futterbäume annagen kann.

Was uns verbindet, obschon wir in leicht unterschiedlichen Waldgebieten leben, sind unsere Fähigkeiten auf Bäume zu klettern, über Äste hoch im Kronendach zu laufen und auf tieferliegende Äste zu „segeln". Ebenso ernähren wir uns von allem was der Wald uns bietet. Wir vergraben unser Futter im Boden oder verstecken es in Baumhöhlen. Im Frühling paaren wir uns nach unserem artspezifischen Ritual.

Welche Faktoren prägen uns? Wie entsteht unsere Identität? Wie leben wir mit anderen zusammen? Wie erkennen wir unser gemeinsames Anliegen? Wie wirken wir in unserer Gesellschaft? Worauf können wir Einfluss nehmen und worauf nicht? Mit diesen Gedanken begebe ich mich auf den Heimweg in der Hoffnung, Antworten auf meine Fragen zu finden.

Bei meiner ehrenwerten Eiche zu Hause angekommen, knabbere ich an einer Eichel, bevor ich meinen wohlverdienten Schlaf suche. Wie ordne ich das heute Erlebte ein? Wie fühle ich mich nun nach meiner Entdeckungsreise? Was nehme ich aus der Unterhaltung mit meinem Kollegen mit? Was verbindet uns? Und wie erlebe ich meinen Umgang mit den unterschiedlichen Waldgesellschaften?

Mir ist es heute gelungen, meinen Horizont zu erweitern. Indem ich neue Waldgebiete kennenlernte, wurde mir bewusst, dass es Unterschiede gibt. Umso wichtiger ist für mich die Selbstverständlichkeit, wie ich mit diesen Unterschieden umgehe. So erfreute ich mich am Segeln im zweischichtigen Eichen-Hagebuchen-Wäldchen. Ebenfalls überwand ich meine anfängliche Scheu im dichten Auenwald und fühlte mich in Gesellschaft meines Kollegen wohl. Ich schätzte sein Wissen und seine Lebensweise im Auenwald.

Umso mehr erstaunt es mich nun, dass mein Bedürfnis nach Sicherheit stärker ist als ich zuvor meinte. So bin ich dankbar, dass meine Vorratskammern sicher vor Wasser und Bibern sind. Wenn der Förster die Bäume in meinem Wäldchen zum Fällen anzeichnet, erkenne ich dies dank meines täglichen Rundgangs frühzeitig, sodass ich allenfalls Vorräte umlagern kann. Ebenso habe ich mit den Wildschweinen eine Vereinbarung gefunden, wie ich meine Bodenvorräte so lagern kann, dass sie von ihnen unbeeinträchtigt bleiben.

Diese Abenteuerreise hat mich persönlich weiterentwickelt. Ich erkenne, wie ich auf meine Bedürfnisse in meinem Umfeld achte. Zudem habe ich im Dialog mit meinem Kollegen über unser Umfeld und unsere Lebensweise Neues lernen können. Wir haben ein gemeinsames Interesse darin, dass wir in unseren Waldgebieten unsere existenziellen Bedürfnisse erfüllen. Wie wir das machen, liegt in unserer eigenen Verantwortung.

Zufrieden mit mir und meinem heutigen Erlebten sinke ich in einen tiefen Schlaf.

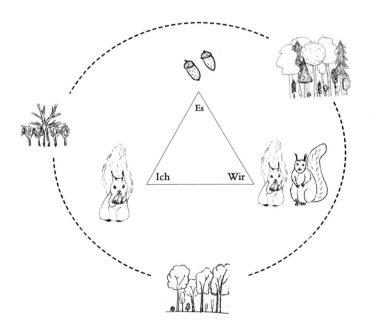

Dieses Waldbild widerspiegelt die themenzentrierte Interaktion[10]. Diese Kommunikationstheorie für Gruppen, die Ruth Cohn entwickelt hat, bezweckt, ein Umfeld zu gestalten, in dem das Individuum sich in Verbindung mit anderen entfalten kann. Es umfasst die Größen „Ich, Wir, Es und Globe". „Ich" steht für die eigene Persönlichkeit, „Wir" für die Interaktion mit einem anderen oder einer Gruppe, „Es" für ein gemeinsames Interesse und „Globe" für das Umfeld, in dem wir leben.

---

10 Franken (2010: 188ff.).

Unser Wald entsteht

Heute Nachmittag findet wieder ein Waldtreff statt, den der Förster für die lokale Bevölkerung anbietet. Die Tage seit meiner Abenteuerreise haben mich so ins Nachdenken versetzt, dass ich meinem alltäglichen Leben weniger Beachtung schenke. Ich bin vielmehr mit meinen Gedanken zu meiner Persönlichkeit und zu meinem Zusammenleben mit anderen beschäftigt. Umso mehr, als ich begonnen habe, die Bäume in meinem Wäldchen aus einer anderen Perspektive wahrzunehmen: Bilden diese Bäume eine Waldgesellschaft? Wie entsteht eine solche Gemeinschaft? Woran erkenne ich sie, wie funktioniert sie und wie erzeugt sie einen Nutzen für alle?

Meine Gedanken kreisen noch zu stark um das Thema Zusammenleben mit anderen, als dass ich die Worte des Försters bewusst aufnehmen könnte. Ich sehe, wie sich die Gruppe in Bewegung setzt. Bei einer Waldfläche, die vor sieben Jahren einem Sturm zum Opfer gefallen ist, halten wir an. Ich erinnere mich an die Erzählung meiner Mutter, wie in jener Nacht alle Bäume auf mehr als fünf Hektar umgefallen sind. Damals entschieden die Verantwortlichen, diese Fläche sich selber zu überlassen, um zu sehen, wie sie sich entwickeln würde. Heute wachsen verschiedenste junge Bäume, teils in einem lockeren Gefüge, teils dicht gedrängt. An einigen Stellen dominiert nach wie vor die Brombeere, an anderen Stellen wachsen junge Bäume zwischen vermodernden Bäumen empor.

„… Identität und Dynamik einer Gruppe …". Diese Begriffe nehme ich klar und deutlich auf. Ich beginne meine Ohren zu spitzen. Was genau meint der Förster mit diesen Worten?

„Diese Baumarten, die Sie hier sehen, also die Vogelbeere, Birke, Weide, Pappel und Föhre, sind aufgrund ihrer Eigenschaften fähig, eine solche Sturmfläche zuerst zu besiedeln. Ihre Samen fliegen weit und können auf sehr kargem Boden ansamen. Sie brauchen für ihr Wachstum viel Licht. Erkennen Sie, dass die einzelnen, etwa ein Meter hohen Bäumchen schnell dem Licht entgegenwachsen und versuchen, sich einen Vorsprung zu verschaffen?

Vergleichen wir dies nun mit einem Team in einem Arbeitsumfeld, können wir die Parallele ziehen, dass sich Personen aufgrund unterschiedlicher Charakterzüge und Erfahrungen unterschiedlich entwickeln. Ihr Ziel als Team ist es jedoch, eine Aufgabe gemeinsam zu meistern. Dies beinhaltet, dass sie ihr Ziel verstehen, Informationen sammeln sowie Strukturen und Methoden entwickeln. Ebenso hat jedes Teammitglied herauszufinden, welches seine eigene Rolle ist und wie diese mit den anderen Rollen interagiert. So besteht auf dieser Sturmfläche das Ziel, dass wieder Wald mit großen Bäumen entsteht. Zuerst kommen die Pionierbaumarten auf, die mit den gegebenen Rahmenbedingungen bestens umgehen können. Dabei ist es maßgebend, einen möglichst guten Platz an der Sonne zu ergattern. Daher sieht alles sehr wild und wenig strukturiert aus. Behalten Sie dieses Bild in ihrem Kopf. In wenigen Minuten werde ich Ihnen ein anderes Waldbild zeigen."

Die Teilnehmer folgen dem Förster. Ich springe ihnen mit etwas Abstand auf dem Waldweg hinterher. Was will er uns am nächsten Posten verdeutlichen? Bislang habe ich verstanden, dass junge Bäume die Entstehung eines Teams oder einer Gemeinschaft verkörpern können. So bin ich neugierig, was wir heute noch erfahren werden.

Ich sehe, wie die Gruppe vor dicht gedrängten und dünnen Bäumchen stehen bleibt. Die Bäumchen sind nun bereits größer als die Menschen. Es sieht aus wie ein Kampf um Licht und Raum. Der Förster fragt seine Gruppe: „Was erkennen Sie? Wie nehmen Sie diese Bäumchen im Vergleich zum vorherigen Bild wahr?"

Eine ältere Frau meldet sich. „Wenn ich zu diesen jungen Bäumchen, die nun doch größer sind als ich selbst, hineinschaue, kommt mir das Bild so dunkel vor. Vorhin kam das Licht auf den Boden und jedes der jungen Bäumchen schien seinen Anteil zu bekommen. Hier scheint es mir, als wäre es ein Gerangel um das Sonnenlicht. Und es ist eng. Ich selber würde schnell wachsen, um so wenigstens oben in der Krone genügend Platz zu bekommen."

Der Förster entgegnet: „Sie haben dieses Bild sehr anschaulich und treffend beschrieben. Wenn ich als Förster Ihren Eindruck auf mein Team übertrage, entspricht es der Phase, in der meine Mitarbeiter ausloten, wer welchen Status und welche Rolle im Team innehat. Jeder konzentriert sich auf seine eigenen Stärken und versucht damit das Ziel zu erreichen. So werden die Stärken der anderen manchmal außer Acht gelassen und die Bedürfnisse unseres Umfeldes kaum wahrgenommen. Für mich als Führungsperson ist es umso wichtiger, gezielt den Stärken der einzelnen Kollegen Raum zu geben, sodass wir unser Ziel als Gruppe erreichen. Das setzt voraus, dass ich das Gesamtbild wahrnehme und einer klaren Vision folge. Wenn Sie den Bestand ganz genau betrachten, sehen Sie, dass einige Bäumchen mehr Platz haben als andere. Diesen Nuss- und Kirschbäumen haben wir bewusst mehr

Raum gegeben, damit sie als lichtbedürftige und konkurrenz-schwache Baumarten gut wachsen können. Sie sind weniger häufig als Buchen, Eschen und Bergahorne. Ebenso erzielt ihr Holz gute Erlöse. Daher verfolge ich in diesem Bestand das Ziel, einerseits seltene und wertvolle Baumarten zu unterstützen und andererseits die Buchen wachsen zu lassen und zu beobachten, welche Buchen sich am Schluss als Träger des Bestandes zeigen. Wie sehen Sie den Zusammenhang zwischen diesem Waldbild und einem Team?"

Ein jüngerer Teilnehmer richtet sich an den Förster. „Wie kommen Sie auf diese Assoziation, die ich übrigens äußerst spannend und sehr anschaulich finde? Und warum vermitteln Sie uns diese beiden Waldbilder in Anlehnung an ein Team?"

„An Ihrer Frage erkenne ich, dass Sie am vergangen Waldtreff nicht teilnehmen konnten. In der Schlussdiskussion stellte sich heraus, dass uns jene Waldbilder anregten, über uns und unser Verhalten zu reflektieren. Durch das Bild der erkrankten Esche erkannte ein Teilnehmer einen Zusammenhang mit Burn-out ge-fährdeten Mitmenschen. Es entstand eine Diskussion, wie Wider-standsfähigkeit entwickelt werden kann. Dieser Perspektiven-wechsel hat mich so in den Bann gezogen, dass ich begann, den Wald mit anderen Augen zu betrachten. Daher versuche ich heute, die verschiedenen Waldbilder in Zusammenhang mit einer Teamentwicklung zu vermitteln."

Mit leuchtenden Augen erwidert der junge Teilnehmer. „Ja, ich erkenne einen Zusammenhang mit dieser Theorie der Team-entwicklung und merke, wie mich die Bilder und ihre Worte zum Nachdenken anregen."

Die Gruppe bricht zum nächsten Posten auf. Ich folge ihr. Mich fasziniert der Gedanke, dass der Förster das Gelernte vom letzten Waldtreff sofort umsetzt. Er ist sich anderer Perspektiven bewusst und setzt diese gezielt ein. Mit diesen Gedanken klettere ich auf einen Baum, um von oben den Worten des Försters zu lauschen.

„Sie stehen immer noch vor relativ jungen Bäumen, die etwa 20 bis 25 cm dick sind. Sie sehen im Gegensatz zu vorher viel besser durch diesen Bestand hindurch, da die Bäume größer sind und deren Anzahl bereits abgenommen hat. Einige sind in der Unterschicht ver-blieben, wieder andere bilden das Kronendach und andere wachsen im Zwischenbereich. Vor allem die Lichtbaumarten überragen alle anderen. So bleibt die Buche als schattentolerante Baumart zurück."

Die ältere Dame, die sich bereits am vorherigen Halt gemeldet hat, äußert sich. „Es scheint, als ob die verschiedenen Bäume sich untereinander abgesprochen haben und nun verschiedene Positionen einnehmen. Es fühlt sich für mich viel freier und daher harmonischer an."

Der junge Teilnehmer ergänzt. „Es sieht so aus, als ob jeder Baum seine Rolle gefunden hätte. Die Spielregeln scheinen bekannt und akzeptiert zu sein. So kann sich nun der Bestand darauf ausrichten, sein Ziel zu verfolgen. Vergleiche ich es mit meiner Situation als Teamleader, ist es so, als hätte sich das Team nun gefunden. Sie kennen ihre Fähigkeiten und ihren Beitrag innerhalb eines Teams. Es bildet sich langsam eine Teamidentität."

„Ja, so sehe ich das auch", fügt der Förster an und fordert die Gruppe auf, weiterzugehen.

Während ich der Gruppe folge, verarbeite ich das Gehörte. Mein Waldgebiet besteht also aus vielen Beständen, die im übertragenen Sinne verschiedene Teams innerhalb einer Organisation sein können.

Bereits vernehme ich wieder die Worte des Försters: „Wir befinden uns nun vor einem Bestand, den Sie normalerweise als Wald bezeichnen. Wenn Sie hinaufblicken, sehen Sie mächtige Kronen von dominierenden Buchen und Eichen. Dazwischen hat es kleinere und mittelgroße Kronen von Buchen, Eichen und Föhren. Diese Bäume sind durchschnittlich etwa 50 cm dick. Aufgrund des nähr-stoffreichen Bodens wachsen die Bäume sehr gut; insbesondere jene, die vorherrschend sind. Diese Bäume bilden breitere Jahrringe aus und produzieren dadurch viel Holz. Jene Bäume, die in der Unter- und Mittelschicht wachsen, erfüllen andere Funktionen. So gilt die Hagebuche als typische Begleitbaumart, die der Eiche dazu verhilft, einen astfreien Hauptstamm zu entwickeln. Merken Sie, dass dieser Bestand seine optimale Phase erreicht hat? Sprechen wir von einem Team, beziehen wir uns auf die Phase, in welcher die Zusammenarbeit sehr konstruktiv ist. Jeder kennt seine Rolle und vertritt diese. Die verschiedenen Teammitglieder unterstützen sich gegenseitig, um das gemeinsame Ziel zu erreichen. Hier sind es die Hagebuchen, welche die Eichen unterstützen."

„Einfach fantastisch", ruft der junge Teilnehmer dazwischen. „Mein Ziel als Teamleader ist es, ein solches Team zu bilden. Dieses Waldbild nehme ich gerne mit nach Hause, um mich bewusst daran orientieren zu können".

„Das freut mich", erwidert der Förster. „Ich zeige Ihnen für heute nun das letzte Waldbild."

Vor einem Bestand mit mehrheitlich sehr dicken Bäumen, die teilweise am Zerfallen sind, hält die Gruppe inne. Die ältere Dame spricht mit leicht bedrückter Stimme als erste. „Sie haben uns so wunderbare Waldbilder gezeigt, die uns die Entwicklung eines Teams vor Augen geführt haben. Betrachte ich nun diesen Ort, so sehe ich, wie das Team am Auseinanderfallen ist. Es ist, als ob das Team seine Mission beendet hätte und einige Mitglieder nicht mehr gebraucht würden. Irgendwie traurig."

„Betrachten Sie dieses Bild, bitte, als Gesamtes", entgegnet der Förster. „Ich stimme Ihnen zu, dass dieser Bestand sein Wachstumspotential erreicht hat und einige Bäume bereits stark gealtert sind. Erkennen Sie, wie dank der lichten Krone solcher sehr alten Bäume mehr Licht auf den Waldboden kommt und sich darunter neue Bäumchen entwickeln? Dort drüben stehen bereits junge Buchen in der Mittelschicht. Sie warten auf den Moment, in dem sie genügend Platz erhalten, um in die Oberschicht hineinwachsen zu können. Nehmen Sie bitte zur Kenntnis, dass ältere Bäume sehr wertvoll sind. Solange sie Samen produzieren, tragen sie dazu bei, dass junge Bäume nachwachsen. Andererseits gibt es Lebewesen, die nur auf sehr alten oder sogar abgestorbenen Bäumen leben können. Das ist der Kreislauf eines Baumes."

Die ältere Dame wischt sich mit einem sichtlich erleichterten Gesichtsausdruck eine Träne weg. Die Gruppe verharrt regungslos, jeder in sich gekehrt. Auch ich bin berührt durch die letzten Worte. Der Wald entsteht aus jungen Bäumen, die sich zu einem Bestand entwickeln und eine Identität zu bilden beginnen, bis altershalber oder auch durch ein Naturereignis der Bestand aufgelöst und durch einen neuen ersetzt wird.

Dieses Waldbild stellt das Phasenmodell für die Teamentwicklung nach Bruce Tuckman[11] dar. Diese umfassen ursprünglich folgende vier Phasen:
1. Forming: das Team kommt zusammen;
2. Storming: die Mitglieder suchen sich ihren Platz im Team, wobei Konflikte entstehen können;
3. Norming: die Rollen im Team sind geklärt und eine Gruppenidentität entsteht und
4. Performing: die vollständige Arbeitsleistung ist erreicht, in der sich eine Gruppenkultur entwickeln kann.

Als zusätzliche und abschließende Phase eines Teams wurde später die Phase „Adjourning" (Auflösung oder Reorganisation) entwickelt.

Forming Storming   Norming   Performing   Adjourning

---

11 Tuckman (1965: 384 ff.).

Unsere Vielfalt prägt uns

Frühmorgens mache ich mich auf den Weg durch mein Wald-gebiet, um den Sonnenaufgang am Waldrand zu erleben. Für mich ist dieser Moment stets ein erfrischendes und stärkendes Erlebnis, das mir Energie für den ganzen Tag verleiht. Zudem begegne ich früh morgens auch Waldbewohnern, die ich sonst weniger zu Gesicht bekomme. So lohnt sich das Frühaufstehen. Auch heute?

Im Dunkeln tappe ich über den Waldboden. Das Laub raschelt unter meinen Pfötchen. Die Bäume erscheinen mir wie dunkle Gestalten, die alle gleich aussehen. So bewege ich mich achtsam ostwärts. Zuerst laufe ich über einen laubbedeckten Waldboden. Auf einmal spüre ich, wie feine Nadeln mich an meinen Pfötchen piksen. Wiederum einige Momente später fühle ich, wie Gras-halme mein Fell streifen. Bis ich plötzlich nasse Pfötchen kriege. Ich bin wohl in einem morastigen Waldabschnitt gelandet. Un-bekümmert nehme ich die ersten Sonnenstrahlen durch die Bäume wahr und setze meinen Weg fort. Die Silhouetten der Bäume er-kenne ich umso deutlicher, je näher ich dem Waldrand komme.

Auf einmal bemerke ich einen angenehmen Duft. Ich folge diesem, bis ich auf einem Bänkchen am Waldrand zwei Gestalten wahrnehme. Im Feld, etwas entfernt von den beiden, nehme ich den Umriss eines großen Korbes und Tücher wahr, die sich irgendwie aufblähen. Aus Neugierde nähere ich mich den beiden, um ihrem Gespräch zu folgen.

„Weißt du noch, wie wir letztes Mal hoch über dem Wald schwebten? Wir sahen all die herbstlich verfärbten Baumkronen von oben, wie ein Patchwork. So pflegt meine Frau zu sagen, wenn sie von unserem Balkon auf den von unzähligen Menschen übersäten Versammlungsplatz schaut. Lauter Menschen unter-schiedlichen Alters, Bekleidung oder Herkunft. Sie fügt stets hinzu, dass das Zusammenleben von verschiedenartigen Menschen ein wunderbarer Reichtum sei, der uns geschenkt wurde und mit dem wir gebührend umzugehen haben."

Sein Gegenüber nimmt einen Schluck Kaffee aus seinem Becher und erwidert: „Ja, ich erinnere mich gut an unsere letzte Ballonfahrt. Manchmal sahen wir Waldgebiete mit lauter dunkelgrünen, kegelförmigen Kronen. Das waren Fichten. Stärker in den Bann gezogen haben mich deine „Patchwork-Waldgebiete": grüne, gelbe, rote und braune Kronen, manchmal zu größeren Einheiten zusammengeschlossen und manchmal nur punktuell. Was mich dabei interessiert ist, wie reine und gemischte Waldbestände entstehen, welche Interaktionen es innerhalb solcher Bestände gibt und welchen Nutzen reine und gemischte Bestände haben. Weißt du etwas darüber?"

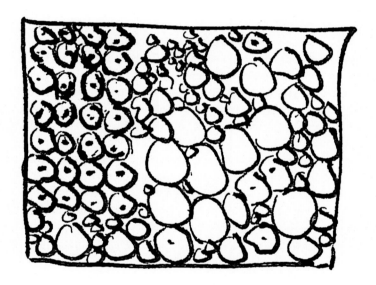

„Unser Sohn lernt Forstwart. Durch ihn sehen meine Frau und ich den Wald mit völlig anderen Augen. Die reinen Fichtenbestände, die du angesprochen hast, wurden bei uns allesamt angepflanzt. Hingegen entstanden reine Buchenbestände größtenteils natürlich, wie auch viele Laubmischwälder. Wenn ich durch einen gepflanzten Fichtenbestand spaziere, habe ich stets das Gefühl in einer Armee zu sein. Alle Fichten sind gleich alt und stehen in Reih und Glied. Der Boden ist braun und mit Nadeln übersät. Einige der Fichten sind etwas dicker. An diesen wurden meistens die Äste bis weit nach oben entfernt. Es handelt sich um Kandidaten, die später wertvolles Holz produzieren sollen."

„Wenn ich Dir zuhöre, fühle ich mich, als würde ich durch die IT-Abteilung meiner Firma laufen. Die Arbeitsplätze sind ebenso angeordnet wie ein Fichtenbestand. Alle Mitarbeiter haben grundsätzlich die gleichen Fähigkeiten und sind auf das gleiche Ziel ausgerichtet. Die Kommunikation ist klar geregelt. Diejenigen Mitarbeiter, die dank ihrer Leistungen und ihrer Persönlichkeit positiv auffallen, werden gefördert.

Sie arbeiten später als Teamleiter oder in anderen Abteilungen, um das Verständnis der IT in anderen Abteilungen zu stärken. Im Austausch unter Mitarbeitern aus unterschiedlichen Berufen, Fachrichtungen, Generationen und Mutterländern entwickeln sich innovative Produkte und Prozessabläufe. Wir versuchen durch Vielfalt im Unternehmen, die Perspektiven und Bedürfnisse

unserer Kunden und unseres Umfelds wahrzunehmen, um unsere Marktposition halten zu können. Daher gefallen mir „Patchwork-Waldgebiete" so gut. Wie beurteilt dein Sohn gemischte Waldbestände?"

„Er erklärte uns, dass gemischte Bestände gegenüber einem Naturereignis resistenter sein können als Reinbestände. So ist die Wahrscheinlichkeit eines Borkenkäferbefalls in einem reinen Fichtenbestand höher als in einem Laubmischwald mit nur vereinzelten Fichten. Auch kann in Beständen mit unterschiedlich hohen und alten Bäumen der Wind gebrochen werden, wohingegen in einschichtigen Beständen der Wind ungehindert hindurch wehen und Bäume halbieren oder entwurzeln kann. Die Vielfalt eines Bestandes kann sich aufgrund seiner Baumartenzusammensetzung und seines Alters beziehungsweise seiner Höhenverteilung ergeben.

So weist ein Laubmischwald mit unterschiedlich alten und hohen Bäumen eine höhere Widerstandfähigkeit und einen höheren ökologischen Wert bezüglich Tier- und Pflanzenreichtum auf als reine einschichtige Bestände. Der wirtschaftliche Nutzen eines Bestandes ist von verschiedenen Faktoren, wie zum Beispiel Baumart, Bodenqualität, Pflegeintensität eines Bestandes und Nachfrage

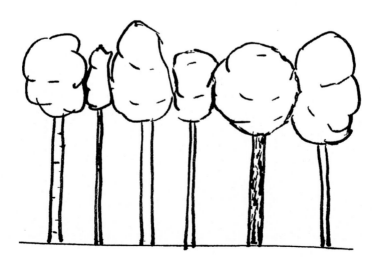

abhängig. So ist höchstwahrscheinlich der ökologische wie der ökonomische Wert eines Laubmischwaldes höher als der eines reinen Buchenbestandes. Reine Nadelholzbestände können jedoch wirtschaftlich lukrativer sein als Laubmischwälder."

„Wenn ich dich richtig verstehe, kann ein gemischter Wald stabiler gegenüber Naturereignissen sein und einen höheren ökologischen Wert haben. Der wirtschaftliche Wert hängt jedoch stark von den Rahmenbedingen des Umfelds und der Nachfrage der Kunden ab."

„Ja, das kann man so sagen. Was meinst du, sollen wir nun unseren Heißluftballon startklar machen? Die Sonne ist bereits aufgegangen."

Während die beiden ihren Frühstücksproviant einpacken, klettere ich mit einer Eichel auf den nächstgelegenen Baum, um mich am ersten Sonnenstrahl zu erfreuen. Ich habe mich diesen Morgen im Dunkeln durch verschiedene Bestände bewegt. Welche davon weisen eine hohe Baumartenvielfalt auf? Welche Bestände bestehen nur aus einer Baumart? Wo gibt es verschieden alte Bäume und wo sind sie alle gleich alt? Wie fühle ich mich, wenn ich mich in einem reinen und gleichaltrigen Fichtenbestand oder in einem Laubmischwald mit unterschiedlich alten Bäumen bewege? Wie würde ich jeweils den Wert dieser Bestände beurteilen?

Lass es mich gerade auf dem Heimweg versuchen! Ich schaue mir
bewusst die verschiedenen Bestände an und überlege mir, wo ich
welchen Nutzen generieren kann und warum.

Diese Waldgeschichte befasst sich mit Diversität. Um sich im Umgang mit Vielfalt gemäss Catherine Müller und Gudrun Sander[12] kompetent zu fühlen, bedarf es folgender Fähigkeiten:

➢ Sich das notwendige Wissen aneignen, um Diversität wahrzunehmen und zu verstehen. Es beinhaltet, sich bewusst zu werden, wie Vielfalt entsteht, welche Wechselbeziehungen zwischen unterschiedlichen Personengruppen bestehen und wie sich diese im beruflichen und gesellschaftlichen Kontext auswirken.

➢ Seine Haltung und diejenige des Gegenübers bezüglich Diversität annehmen und reflektieren. Das bedingt, sich offen und wertfrei mit dem Gegenüber einzulassen, um neue Perspektiven kennenzulernen. Es benötigt ebenso die Bereitschaft, sich mit sich selbst auseinanderzusetzen, um sein Denk-, Wert- und Kommunikationsmuster wahrzunehmen und zu verarbeiten.

➢ Sich bewusst sein, mit welchen Instrumenten das Potenzial von Diversität genutzt wird, und es umsetzen können. Einerseits wird Diversität in der Vision, im Leitbild, in Unternehmenszielen und anderen Instrumenten einer Organisation festgelegt. Andererseits wird Vielfalt im Alltag gelebt, sei es in der Kommunikation, Führung und Zusammenarbeit mit anderen.

---

12 Müller/Sander (2011).

Unser Abbild verändert uns

Heute Nachmittag entdecke ich einen Tümpel in meinem Waldgebiet. Er hat sich in dieser Mulde wohl aufgrund des heftigen Regens gebildet. Das Wasser ist erstaunlich klar. So sehe ich mein Abbild im Wasser. Je länger ich mein Abbild fixiere, desto klarer wird es … Meine Gedanken beginnen zu kreisen. Wer bin ich? Wie wirke ich auf andere? Wie finde ich das heraus?

Die Wasseroberfläche spiegelt regungslos mein Abbild. Um mich herum scheint alles zum Erliegen gekommen zu sein; keine Geräusche, keine Gerüche, gar nichts …

Auf einmal plumpst etwas in den Tümpel. Es bilden sich kreisförmige Wellen. Mein Abbild beginnt sich zu entstellen. So kann ich auch aussehen? Habe ich das nicht schon irgendwo erlebt? Ja, richtig, letzthin, als ich in einer ruhigen Bucht eines Seitenflusses zwei Angler beobachtete. Das war im Auenwald, der von

meinem Waldgebiet etwas entfernt ist. Sie warfen ihre Köder ins Wasser. Jedes Mal zeichneten sich kreisförmige Wellen ab. Das Abbild der Weiden und Pappeln, die am Ufer standen, sowie das-jenige der beiden Angler veränderte sich.

Sobald sich das Wasser beruhigte, erkannte ich wieder das Ab-bild der Bäume. Es zeigte sich genauso wie vorher; eine Weide mit ausladenden Ästen, fest mit ihren Wurzeln im Boden ver-ankert. Das Abbild der Angler verwandelte sich hingegen jedes Mal leicht. Ihre Körperhaltung und ihr Gesichtsausdruck hatten sich geändert.

Sie unterhielten sich über den blinden Fleck und wie dieser zu erkennen sowie auch zu nutzen sei. Der blinde Fleck. Was ist das wohl, fragte ich mich damals. Dem Gespräch der beiden Angler entnahm ich, dass sich der blinde Fleck auf unsere Ver-haltensmuster bezieht, die wir in bestimmten Situationen un-bewusst anwenden. Dabei weiß der Betreffende häufig nichts von seinem blinden Fleck. Einer der beiden Angler bezog sich damals auf ein Gespräch mit seiner Frau.

An den Wortlaut erinnere ich mich noch heute: „Zu Beginn unserer Beziehung tauschten wir uns offen aus. Wir entdeckten einander und fühlten uns miteinander verbunden. Es war so, als würde sie mich besser kennen als ich mich selbst. Ich lernte von ihr, wie sie mich sah, was sie an mir schätzte und was weniger. Mein blinder Fleck verkleinerte sich zusehends. Ich nahm ihr Feedback sehr gerne an. Dadurch merkte ich, wie ich mein Verhalten reflektierte und neue Handlungsmuster ent-wickelte. Damals rief mich mein Vorgesetzter einmal zu sich ins Büro. Er sei erstaunt, dass ich mir so bewusst sei, wie ich in unterschiedlichen Situationen reagiere. Er erkenne, dass ich nicht irgendwelchen vorgefahrenen Mustern folge, sondern mein Verhalten je nach Kontext anpasse, ohne mich selbst zu verleugnen. Seine Rückmeldung steigerte mein Selbstwert-gefühl enorm."

Nach diesen Worten verweilte der Angler eine Zeit lang in sich gekehrt. Sein Abbild im Wasser blieb so starr wie dasjenige der Weide neben ihm. Sein Kollege ließ ihm jenen Raum der Stille, bis er seine Worte wieder aufnahm.

„Heute frage ich mich, ob meine Frau mich noch kennt, so selten, wie wir uns sehen und uns wirklich austauschen können. Für beide von uns ist der andere unbekannter geworden; als lebte jeder für sich. Wenn ich ehrlich bin, äußere ich vieles nicht mehr, was ich ihr früher mitgeteilt hätte. Teils versuche ich es zu verbergen und teils ist es mir wohl selbst nicht bewusst. Ich fühle, dass mein blinder Fleck heute zu einem großen dunklen Loch geworden ist. In meiner Position als Abteilungsleiter verhalte ich mich bewusst bedeckt. Ich lasse meine Mitarbeiter mein Inneres kaum erkennen. Es wird in unserer Branche als Schwäche erachtet, wenn das Gefühlsleben in der Arbeitswelt kundgetan wird.

Im Rahmen der jährlichen Mitarbeitergespräche bin ich verpflichtet, ihnen Feedback zu ihren beruflichen und persönlichen Zielen zu geben. Irgendwie greift das nicht so, wie ich es mir vorstelle. Mir ist es wichtig, durch meine Haltung als Führungsperson eine Vertrauensbeziehung mit meinen Mitarbeitern aufzubauen."

„Tust du das denn?" So hatte der Kollege ihn unterbrochen. Dabei sah ich, wie der Abteilungsleiter die Arme verwarf. Sein Abbild im Wasser veränderte sich schlagartig. Dasjenige der Weide verharrte regungslos.

Der Abteilungsleiter zögerte einen Moment, bis er antwortete. „Wie meinst du das?"

Sein Kollege erwiderte: „Vertrauen schafft derjenige, der sich verwundbar macht. Das würde heißen, wir fühlen uns innerlich sicher und besitzen ein starkes Selbstvertrauen. Momentan wirkst du nicht so auf mich, da du bewusst deinen Mitarbeitern dein Inneres nicht zugänglich machst. Wie sollen sie Bereitschaft für einen offenen Austausch entwickeln, wenn sie spüren, dass du dich ihnen zu sehr entziehst? So werden sie sich kaum reflektieren und auch nicht akzeptieren, dass du ihnen ihren blinden Fleck aufzeigst. Das verstehen sie womöglich als pure Konfrontation. Ohne Akzeptanz kann Konfrontation zur Blockade führen. Daher – vermute ich – greift deine Art von Feedback nicht."

Jene letzten Worte schien der Abteilungsleiter nur aus der Ferne wahrzunehmen. Es war so, als wäre er längst in seinen Gedanken versunken. Das Abbild im Wasser zeigte ihn neben der Weide mit der Angel in der Hand ... bis sich plötzlich die Angelrute stark bog und ihm fast aus der Hand geglitten wäre. Reflexartig kurbelte er die Rute an und ein Aal hing an der Angel.

Sein Abbild an der Wasseroberfläche und dasjenige der Weide veränderten sich stark während jenes Vorgangs. Es war, als würde ein vollkommen neues Gesamtbild entstehen. Der Abteilungsleiter murmelte nur: „Aus den Veränderungen der Wasseroberfläche gewinne ich neue Erkenntnisse. Einerseits verändert sich mein Abbild, wenn ich mich selbst verändere. Andererseits kann irgendetwas anderes mein Abbild beeinflussen, worauf ich zu reagieren habe. So hat mich der Fisch aus meinen Gedanken geholt. Der Fisch, der unsichtbar unter der Wasseroberfläche ausharrte, bis er an meiner Angel hin. Es ist, als ob ich mir meinen eigenen blinden Fleck aus dem Wasser gezogen habe …"

Was ist vor mir wohl in den Tümpel geplumpst? Finde ich so Zugang zu meinem eigenen blinden Fleck? Ich kann mein Abbild aktiv verändern, indem ich mein Verhalten reflektiere und meine Handlungsmuster neu ausrichte. Die Weide in der Aue verhält sich mehrheitlich statisch, da sie an Ort und Stelle wächst und sich ihr „Blätterkleid" je nach Jahreszeit ändert.

Mit diesen Gedanken betrachte ich mein Abbild im Wasser. Du wirst mir keine Antwort auf meine Fragen geben, rufe ich meinem Abbild im Wasser zu. Lass mich aufbrechen, um ein anderes Eichhörnchen zu treffen. Mit etwas Glück gelingt es uns, eine Basis gegenseitigen Vertrauens aufzubauen, sodass wir uns alsbald

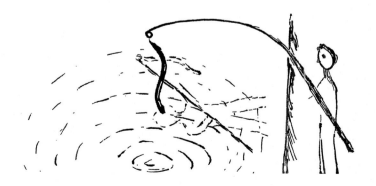

wertschätzendes Feedback über unser Verhalten geben können. Dadurch würden wir beide unsere Entwicklungspotenziale erkennen und uns dementsprechend weiterentwickeln.

Dieses Bild aus dem Wald basiert auf dem Johari-Fenster, das von Joseph Luft und Harry Ingham[13] entwickelt wurde. Das Ziel ist es, im Dialog mit sich und mit den anderen zu lernen, damit jeder seine Entwicklungspotenziale erkennt. Besteht eine Vertrauensbeziehung und ist jeder für einen solchen Austausch bereit, kann sich der blinde Fleck, also das, was einem über sich selbst unbekannt ist, reduzieren. Je besser jemand sich selbst und sein Gegenüber kennt, desto einfacher kann sich ein gemeinsamer Handlungsspielraum entwickeln.

---

13 Krogerus/Tschäppeler (2013: 48f.).

Wie gehen wir mit Widerstand um?

Nach einem arbeitsintensiven Tag sitze ich auf meinem Schlafbaum, der mächtigen Eiche, und knabbere an einer Eichel. Heute habe ich meine verschiedenen Futterlager wieder aufgefüllt, um für die Wintertage gerüstet zu sein. Es hat mich viel Energie gekostet, Eicheln, Hasel- und Buchennüsse in ausreichenden Mengen zu sammeln, zu meinen Vorratskammern zu transportieren und dort zu verstauen.

Ich erinnere mich an meinen ersten Herbst, in dem meine Mutter mich eines Tages aufforderte, Vorräte an von ihr festgelegten Orten anzulegen. Unser Gespräch von damals und was ich mir dabei dachte, kommt mir wieder in mein Bewusstsein.

Ich: „Warum?"[14]

Warum sollte ich Vorräte anlegen? Ich habe doch tagtäglich ausreichend Nahrung zur Verfügung.

Sie: „Jedes Eichhörnchen füllt seine Vorräte auf. Das haben meine Eltern, meine Großeltern und wiederum deren Eltern schon so gemacht."

Interessiert es mich, was meine Vorfahren gemacht haben? Ich sehe nicht ein, warum ich das Gleiche tun sollte.

Ich: „Ich bin nicht wie die anderen. Es gibt genügend Nahrung."
Sie: „Der Winter naht. Dann gibt es keine Eicheln und anderen Nüsse mehr."

Warum soll ich das glauben? Bisher habe ich mein Futter an jedem Tag problemlos gefunden. Sie will mich wohl schikanieren?

Ich: „Was soll sich im Winter ändern? Was ist Winter überhaupt? Ich lege sicherlich keine Vorräte an."

---

14 Diese Art der Darstellung entspricht einer Form von Fallpräsentation. Das Ziel ist es, aufzuzeigen, wie in einem Dialog Informationen anhand beobachteter Verhaltensweisen oder unterschiedlich interpretierter Aussagen zu Verzerrungen führen. Solche Verzerrungen können den Verlauf eines Dialogs prägen (Argyris/Schön 2008: 87ff.). Die linke Spalte gibt den eigentlichen Gesprächsverlauf wieder. Die rechte Spalte beschreibt unausgesprochene Gedanken und Empfindungen. Sie können sich gerade selbst testen, wie Sie auf diese Art von Textstrukturierung reagieren.

Sie: „Im Winter ist es kalt. Die Bäume sind ohne Blätter. Es ist, als ob sie einen langen Schlaf machen würden."

Warum schlafen wir dann nicht auch? Das wäre ja super bequem.

Ich: „Dann schlafe ich auch. So brauche ich heute keine Nüsse zu sammeln."

So spare ich mir diese mühsame Arbeit und kann heute auf Entdeckungsreise gehen.

Sie: „Sicherlich schlafen wir im Winter etwas mehr als sonst. Nichtsdestotrotz brauchen wir etwas zu essen."

Warum tut sie so hysterisch? Wenn wir mehr schlafen, brauchen wir weniger Nahrung. Und der Winter dauert sicher nicht lange. Wir können ja nicht tagelang schlafen.

Ich: „Mir reicht das, was ich jetzt habe."

Warum soll ich mehr sammeln? Wäre ja noch schöner, wenn ich meine ganze Sippschaft durchfüttern müsste, obschon ich die noch gar nicht kenne.

Sie: „Auch wenn wir Einzelgänger sind, schauen wir für andere. Der Winter ist hart und kann Opfer fordern. Daher sammeln wir alle Nahrung, sodass wir sie im Notfall teilen können."

Ich brauche die anderen nicht. Ich bin stark genug, um Nahrung zu suchen.

Ich: „Ich gehe jetzt auf Entdeckungsreise und finde heraus,
wer sonst noch im Wald lebt."

*Mal schauen, wie viele Tiere es gibt.
Bisher habe ich kaum andere Lebewesen wahrgenommen. Ich glaube,
diese Diskussion um die Sicherung
unserer Nahrungsgrundlage ist über-
flüssig.*

Sie: „Das wirst du nicht tun!
Ich habe gesagt, dass du heute
Nüsse sammelst."

*So kann sie mit mir nicht um-
gehen. Was macht sie denn heute?*

Sie: „Ich besuche heute meine
Mutter, um zu schauen, ob sie
bereits Nüsse für den Winter
gesammelt hat. Wenn nicht,
helfe ich ihr dabei."

*Aha, sie geht auf Entdeckungs-
reise, während ich Nüsse sammeln
soll; natürlich auch für sie.*

Ich: „Gut, ich wünsche dir
einen tollen Tag. Grüße die
Großmutter von mir!"

*Wenn sie weg ist, weiß sie ja
nicht, was ich heute mache.*

So wartete ich, bis sich meine Mutter auf den Weg zu meiner Großmutter aufmachte, bevor ich meine Entdeckungsreise antrat. Dann kletterte ich eine Lärche hinauf und sprang von Ast zu Ast entgegengesetzt zur Richtung, in die meine Mutter gegangen war. Nach kurzer Zeit hatte ich das Gespräch mit ihr bereits vergessen und vergnügte mich, Neues zu entdecken. Ich fühlte mich pudelwohl. In dieser Stimmung bewegte ich mich weiter und weiter.

Auf einmal fand ich mich inmitten eines Fichtenwaldes wieder. Die Kronen standen so dicht, dass ich kaum zwei Meter weit sah. Das irritierte mich leicht. Wie sollte ich da den Rückweg wieder finden? Während ich darüber nachdachte, vernahm ich Stimmen. Intuitiv folgte ich diesen. Aus den Fichtenkronen heraus sah ich, wie sich eine Gruppe versammelt hatte.

Sie diskutierten über die Fichte: „Sie ist unser Brotbaum."

„Ich glaube kaum, dass die Fichte verschwinden wird. Unsere Väter pflanzten bereits Fichten auf diesen Böden an. Bisher gedieh sie gut."

„Was wissen die Experten schon über die Auswirkungen der Bäume auf den Klimawandel? Es beruht ja alles auf Modellberechnungen mit irgendwelchen gewählten Einflussgrößen. Für mich als Privatwaldbesitzer ist es momentan viel wichtiger, dass ich mein Holz zu einem anständigen Preis verkaufen kann. Die Fichte garantiert diesbezüglich eine gewisse Preisstabilität."

„Ihr denkt nur an heute, was ist mit morgen und übermorgen?"

„Was soll uns denn für die Zukunft motivieren? Staatliche Abgeltungen, indem unser Wald CO_2 speichert? Meinst du, dass dieses Instrument bei uns eingesetzt wird?"

„Du hast vermutlich recht, aber weißt du, was in 50 Jahren sein wird?"

„Vielleicht passt sich die Fichte der Klimaerwärmung an? Warum sollen wir also etwas einschränken, das bis anhin funktioniert hat? Vor allem, wenn die Fichte an diesen Standorten bereits beste Qualität zeigte?"

„Warum fokussieren wir uns so auf die Fichte?"

„Sollten wir nicht einfach darauf schauen, dass wir gesunde und baumartenreiche Bestände haben, die natürlich, also ohne

Pflanzung und viel Pflege, aufwachsen? So minimieren wir das Risiko von wirtschaftlichen und ökologischen Verlusten am besten. Wir wissen ja nie, wie sich der Trend in der Holzindustrie entwickeln wird und ob wir diejenige Holzart wie auf dem Serviertablett gerade liefern können?"

„Es besteht immer ein Restrisiko, wie in anderen Erwerbssektoren auch. Wer entscheidet schließlich, ob Fichten zukünftig an diesen Standorten zu fördern sind? Sollten wir nicht einfach auf die Natur hören?"

So meldeten sich die verschiedenen Privatwaldeigentümer kreuz und quer zu Wort. Ich verstand, dass sie unsicher waren, wie sie mit einem voraussichtlichen Wandel umzugehen hätten. Bei einigen zeigte sich offensichtlich ein Widerstand. Bei anderen war es die Angst, wirtschaftlich nicht rentabel zu sein. Andere wiederum fühlten sich in dieser Frage nicht wirklich einbezogen. Einige wenige versuchten, die Sachlage zu entschärfen und vertrauten auf die Natur. Alles in allem gelang es ihnen nicht, eine gemeinsame Vision zu bilden, die motivierend und zugleich verpflichtend gewesen wäre.

Irgendwie fühlte ich mich mit den Anwesenden sehr verbunden. An diesem Morgen verstand ich meine Mutter auch nicht. Sie wollte, dass ich etwas tue, das ich gar nicht verstand. Ihre Erklärungen überzeugten mich nicht. Ebenso wenig fühlte ich mich dabei berücksichtigt, gemeinsam eine Entscheidung zu finden. Sie entschied einfach über mich.

Seit diesem Erlebnis sind nun einige Jahre vergangen und ich habe wertvolle Erfahrungen gesammelt. Heute verstehe ich, was meine Mutter mir damals aufzeigen wollte. Ihre Absicht war es, mich für Veränderungen zu sensibilisieren. Ihr war es zudem wichtig, dass ich lernte, langfristig zu denken und nicht nur für mich, sondern auch im Einklang mit anderen in meinem Umfeld etwas zu bewirken. Hingegen vermisste ich, dass sie mich mit ins Boot genommen hätte. Obschon ich damals noch unter den Fittichen meiner Mutter war, hätte sie mich am ganzen Findungsprozess – wer sollte wann, wo und warum Vorratskammern erstellen – teilhaben lassen können.

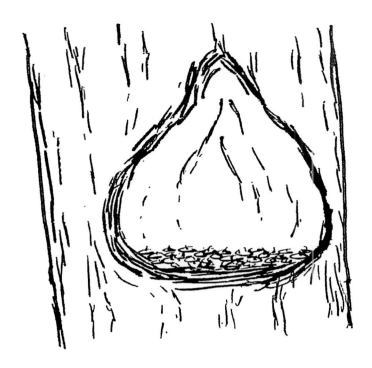

Ebenso schien ihr, wie übrigens auch mir, nicht bewusst zu sein, wie unsere Kommunikation ablief. Sie meinte etwas und ich hörte und interpretierte ihr Gesagtes auf meine Weise. So kreierten wir durch unsere unterschiedlichen Haltungen und Motive mehrere Bedeutungen für eine einzige Aussage.

Die Tatsache, dass sie genau an jenem Tag zu ihrer Mutter ging, war für mich unverständlich. Sie ließ mich mit dem Nüssesammeln alleine. Damals erachtete ich sie nicht als mein Vorbild. Ich hätte mir gewünscht, dass wir zu Beginn mindestens einen Tag gemeinsam die Vorratskammern gefüllt hätten. Es wäre für mich eine symbolische Handlung gewesen. Beim gemeinsamen Arbeiten hätte ich den wahren Sinn verstehen können. Der Zweck und die Dringlichkeit des Eichelnsammelns wurden mir erst bei Wintereinbruch bewusst.

Rückblickend erkenne ich heute, dass ich meine Mutter hätte bitten können, gemeinsam den Vorrat anzulegen. Ihr Motiv war es jedoch, mir Selbstverantwortung zu übertragen, um zu prüfen, ob ich bereits selbstständig genug für das Leben alleine wäre.

Ebenso frage ich mich heute, wie meine Mutter meinen Widerstand hätte auflösen können? Sie hätte mich an ihren Erfahrungen teilhaben lassen können. Wenn ich gewusst hätte, dass meine Mutter als Einjährige selbst einen Winter lang hungerte, da sie ihre kranke Mutter pflegen musste, hätte ich ihre Sorge verstanden. Damals haben meine Mutter und meine Großmutter nur dank der Unterstützung der anderen Waldtiere überlebt. Warum hat mich meine Mutter an jenem Morgen nicht zu meiner Großmutter mitgenommen? So hätten mir beide von jenem Winter erzählen können. Ich hätte so die Notwendigkeit des Eichelnsammelns sicher verstanden und besser akzeptiert.

Im Grunde vermisste ich, dass meine Mutter mir erklärte, warum ich das Vorräteanlegen hätte lernen sollen. Es ging um meine Zukunft, in der ich alleine mein Leben zu bestreiten habe. Vielleicht sorgte sie sich vor dem Moment, in dem ich selbstständig werden und ein neues Waldgebiet besiedeln würde.

Ebenso hätte sie mir das Nüssesammeln als eine Art Spiel näherbringen können. Sie wusste ja, dass ich gerne auf Entdeckungsreise ging. Sie hätte mich daher auffordern können, in einem für mich neuen Waldgebiet Nüsse zu verstecken. Das hätte mich enorm motiviert und ich hätte gerne durch dieses Spiel des Nüssesammelns noch andere Waldgebiete kennengelernt.

Heute weiß ich, warum ich jeden Herbst meine Vorratskammern fülle. Ich genieße diesen Moment richtig. Dabei achte ich stets darauf, so viele Nüsse zu sammeln, dass es für die anderen Waldbewohner auch reicht.

Seither denke ich jedes Mal, wenn ich an einem reinen Fichtenbestand vorbeikomme, an meinen ersten Herbst zurück. Es wurde mir durch dieses Erlebnis bewusst, was in mir Widerstand ausgelöst hatte. Ebenfalls erkannte ich, wie sowohl ich als auch meine Mutter mit meinem Widerstand hätten umgehen können.

Dieses Waldbild verdeutlicht die Entstehung von Widerstand und dessen Umgang in Veränderungsprozessen. Es orientiert sich an

John Kotter's Modell[15] der acht Schritte zum Meistern von Veränderungen.

Die acht Schritte sind wie folgt:

1. Ein Gefühl von Dringlichkeit für eine Veränderung wecken.
2. Ein Team bilden, um die Veränderung auszulösen und zu begleiten.
3. Eine Zielvorstellung für die Veränderung gemeinsam entwickeln.
4. Diese Zielvorstellung klar kommunizieren und für Akzeptanz werben.
5. Die Stärken der Betroffenen aktivieren und in den Veränderungsprozess einfließen lassen.
6. Kurzfristige Erfolge gemeinsam erzielen und feiern.
7. Den Prozess der Veränderung sicherstellen, bis das Ziel verwirklicht ist.
8. Die Erfahrung aus dem Veränderungsprozess nachhaltig verankern, sodass eine Kultur des sich Entwickelns gelebt werden kann.

---

15 Kotter/Rathgeber (2006).

Wie lernen wir?

Früh am Nachmittag breche ich auf, um am monatlichen Waldtreff für die lokale Bevölkerung teilzunehmen. Bislang erfuhr ich an jedem Waldtreff etwas Neues, das mich anregte über mich selbst, andere und mein Umfeld nachzudenken. Von Weitem vernehme ich bereits Stimmen aus der Gruppe, die wie gewöhnlich aus unterschiedlichsten Personen zusammengesetzt ist. Ich schaue dem Treiben der Gruppe aus der Baumkrone zu, bis der Förster das Wort ergreift.

„Seit dreißig Jahren bin ich Förster in dieser Gemeinde. Ich kenne jedes Waldgebiet, als wäre es mein Zuhause. Ich freue mich heute ganz besonders, Sie auf unserem Waldtreff willkommen zu heißen. An diesem Nachmittag hören Sie, wie ich durch bestimmte Ereignisse immer wieder dazu gelernt habe. Einige haben mich so beeinflusst, dass ich begonnen habe, meine Haltung und meine Wertvorstellungen zu ändern. Dies zeige ich Ihnen an drei verschiedenen Objekten. Falls Sie Fragen haben, melden Sie sich bitte. Andernfalls marschieren wir zum ersten Posten."

Niemand meldet sich. Allem Anschein nach sind alle ebenso gespannt wie ich, was das wohl für Ereignisse waren, die den Förster so prägten. Im Schutz des Kronendachs folge ich der Gruppe. Vor einem Bestand mit recht dicken Fichten bleibt die Gruppe stehen. Der Förster nähert sich einer Fichte, an deren Stamm an vereinzelten Orten eine weiße Flüssigkeit austritt. Außerdem ist der Stammfuß sehr breit. Der Förster erklärt: „Mein Vorgänger pflanzte in diesem Bestand Fichten an. Wie Sie sehen, zeigen viele Fichten die gleichen Symptome auf wie die Fichte, neben der ich stehe. Diese Fichten sind erkrankt. Ihr Holz ist entwertet. Früher wurden Fichten auf allen möglichen Standorten angepflanzt, unabhängig davon, ob sie dort wirklich gut heranwachsen. Heute erkennen wir, dass ältere Fichten auf sehr feuchten Standorten oft einen breiten Stammfuß ausbilden und diesen weißen Schleimfluss haben."

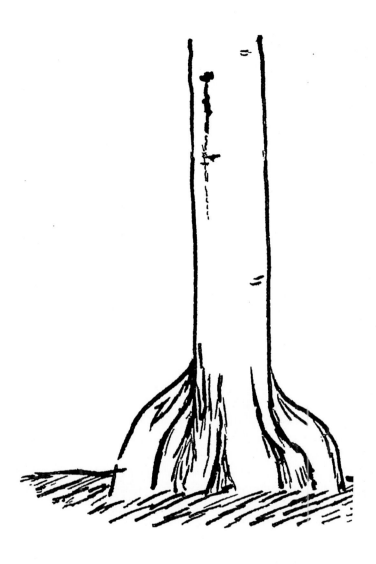

Der Förster deutet mit dem Finger auf die Austrittstelle am Stamm, aus dem die Flüssigkeit kaum wahrnehmbar herausquillt, und fährt fort. „Da sich ein Baum über viele Jahrzehnte entwickelt, zeigen sich gewisse Auswirkungen erst viel später. In diesem erkrankten Fichtenbestand kann der Entscheid für eine reine Fichtenpflanzung nur abgeschwächt, aber nicht rückgängig gemacht werden. So werde ich diese kranken Bäume herausnehmen, obschon sie noch nicht das Alter erreicht haben, in dem wir Fichten normalerweise fällen würden. Mit dieser Maßnahme hoffe ich, dass sich in den Lücken eine natürliche Verjüngung von Buchen, Eschen und Bergahornen einstellt. Dadurch kann sich dieser kranke Fichtenbestand in einen gesunden und stabilen Nadellaubmischwald umwandeln. Vergleichen wir es mit der Landwirtschaft, so kann eine schlechte Getreidesorte im nächsten Jahr durch eine andere Sorte ersetzt werden. Im Wald umfassen die Produktionszeiträume hingegen mehrere Generationen. So können wir im Wald die Entwicklung eines Bestandes beeinflussen, hingegen wissen wir nie schnell genug, ob sich eine Entscheidung als wirksam oder als eher kontraproduktiv erweist."

Es setzt eine längere Pause ein, in der eine jüngere Frau das Wort ergreift. „Was haben Sie nun daraus gelernt?"

Der Förster schmunzelt und erwidert: „Ich habe gelernt, dass wir die Natur nicht einfach nach unseren Wünschen gestalten können. An diesem Beispiel habe ich erkannt, dass wir natürliche Rahmenbedingungen, wie hier die Bodenbeschaffenheit, für die Baumartenwahl maßgeblich berücksichtigen müssen. Wenn wir langfristig aus einem Bestand einen Erlös erzielen wollen, müssen wir uns zu Beginn überlegen, welche Baumarten an diesen Standort angepasst sind und wie diese im Laufe der Zeit gepflegt werden sollen. Denn ein unüberlegtes Handeln kann im Wald nicht sofort korrigiert werden."

Die junge Frau nickt zustimmend und bedankt sich für seine Erklärung. Ich erkenne am Gesichtsausdruck der anderen Teilnehmer, dass sie ebenfalls von den Ausführungen des Försters angetan sind. So setzt die Gruppe ihren Rundgang fort. Ich nehme meinen Weg durch die Baumkronen auf.

Nach kurzer Zeit bin ich gezwungen, der Gruppe auf dem Boden zu folgen, da es keine hohen und alten Bäume mehr gibt. Wir sind auf einer riesigen Waldfläche angekommen, auf der alles wild und unordentlich aussieht. Ineinander verkeilte alte Bäume modern vor sich hin. Pilzkörper sprießen aus dem modernden Holz. Einige Stämme sind auf fünf Metern Höhe gebrochen und das Holz ist geborsten. Dazwischen schnellen überall junge Bäume hervor. Ich erkenne die unterschiedlichsten Baumarten. Inmitten der Waldfläche beginnt der Förster seine Ausführungen.

„Wie Sie sich alle erinnern mögen, brauste vor gut sieben Jahren ein heftiger Sturm über unsere Region hinweg. Dieses leicht exponierte Waldgebiet wurde innerhalb weniger Stunden zu einem Bild der Verwüstung. Bäume wurden umgeworfen, entzweit und aufgesplittert. Heute hat sich jener Eindruck leicht gewandelt. Es entsteht neues Leben und die Narben jenes Sturms verschwinden langsam im Laub der aufkommenden Bäume. Ebenso haben sich verschiedene Tier- und Pflanzenarten eingefunden, die im geschlossenen Wald nicht vorkommen können. Aus ökologischer Sicht war dieser Sturm eine Bereicherung, aus wirtschaftlicher Sicht ein enormer Verlust. Es standen qualitativ hervorragende, sehr dicke und fast gleichaltrige Bäume in diesem Waldgebiet. Diese Bäume wurden bereits seit Kindesalter gehegt und gepflegt, damit sie uns einmal einen hohen Erlös bescheren würden. Ich selber habe wohldurchdachte und feine Eingriffe vorgenommen, um mit naturnahen und vitalen Beständen auf dieses Ziel hinzuarbeiten. Und dann, innerhalb einer Nacht, wurde unser Werk jahrzehntelanger Bemühungen zunichtegemacht. Das war für mich und meine Berufskollegen eine schmerzliche Lektion."

Die Teilnehmer unter den aufgespannten Regenschirmen schauen den Förster mitfühlend an. Der Förster scheint sich gedanklich so in jene Zeit zurückversetzt zu haben, dass er nicht bemerkt hat, wie der Regen einsetzte. Die Tropfen rieseln sanft, jedoch immer stärker werdend, hinunter. Mein Fell beginnt nass zu werden. So verziehe ich mich unter einen Strauch ganz in der Nähe der Gruppe. Umsichtig schützt ein Teilnehmer mit seinem Schirm den Förster.

Erst jetzt taucht der Förster wieder aus seinen Gedanken auf. „Ja, ich lernte daraus, dass unser angestrebtes Ziel von qualitativ wertvollen, stabilen und gleichaltrigen Beständen mit unserer Art des feinen, kleinflächigen und gezielten Eingriffs nicht zwingend erfolgreich sein muss. Wir haben es jetzt erlebt. Vielmehr bin ich zur Überzeugung gelangt, dass mit einer Durchmischung verschiedener Baumarten und Altersstufen das Risiko für Naturereignisse minimiert werden kann. Ebenso garantiert uns ein Bestand mit unterschiedlich dicken und hohen Bäumen, dass wir jederzeit einzelne Wertträger nutzen können, um das wirtschaftliche Risiko zu minimieren. So habe ich vor sechs Jahren begonnen, den Wald so umzuwandeln, dass verschiedene Baumarten unterschiedlichen Alters innerhalb eines Waldgebiets vorkommen. Ich änderte daher mein Verständnis der Waldbewirtschaftung. Ich erkannte, dass wir die natürlichen Prozesse der Natur zu anerkennen und unsere eigene Sichtweise der Bewirtschaftung zu ändern haben. Ich beobachte daher vielmehr die natürlichen Abläufe und versuche, wo angebracht, gezielt einzugreifen. Dabei orientiere ich mich an den vitalsten Bäumen, die am besten mit den Bedingungen ihres Standorts zurechtkommen. An einigen Orten sind bereits erste Ansätze zu erkennen. Ich werde Ihnen am nächsten Posten ein solches Waldbild zeigen."

Mit dieser Aufforderung setzt sich die Gruppe wieder in Bewegung. Ich folge den Regenschirmen. Glücklicherweise erreichen wir schnell den geschlossenen Wald, sodass das Kronendach der Bäume mich ein wenig vor dem Regen schützt. Ich klettere eine alte Eiche hinauf und folge der Gruppe von oben.

Einige Minuten später lädt der Förster die Gruppe ein, sich den Bestand vor ihr anzusehen. Ich selbst erkunde diesen Bestand vom Kronendach aus. Dabei kann ich mich nicht wie gewohnt in der obersten Schicht der Baumkronen durchgehend bewegen. Manchmal gibt es eine Lücke; manchmal springe ich

auf eine tiefer oder höher gelegene Krone. Ich empfinde es als sehr bewegungsintensiv und spannend. Es ist einmal etwas Neues. Es regt mich an, mich vorausschauend zu orientieren, um einen optimalen Weg durch diesen Bestand mit unterschiedlich hohen Bäumen wählen zu können.

Ich beginne nachzudenken, wie ich mich sonst in den Baumkronen bewege. Im Prinzip hüpfe ich von Ast zu Ast, ohne mir gezielt Gedanken zu machen, welches nun der effektivste Weg wäre, um an mein Ziel zu gelangen. Indem ich hier etwas Neues lerne, beginne ich über Bekanntes nachzudenken, wodurch ich womöglich wieder etwas Neues lerne.

Mit diesem Gedanken kehre ich zur Gruppe zurück und vernehme die abschließenden Worte des Försters. „Dank dieses bereits sehr stufigen Bestands[16] lerne ich einige Vorzüge kennen. Die Ver-

---

16 In einem stufigen Bestand wachsen Bäume unterschiedlichen Alters. Dies zeigt sich in den unterschiedlichen Höhen und Dicken der Bäume. Meistens treten in stufigen Beständen mehrere Baumarten auf.

jüngung stellt sich kleinflächig und natürlich ein. Die Knospen der jungen Bäumchen werden von den Rehen weniger verbissen, da sie an verschiedenen Orten immer wieder ausreichend Nahrung finden. Durch die regelmäßige Nutzung von einigen qualitativ guten Bäumen bin ich viel häufiger im gleichen Waldgebiet. So nehme ich Veränderungen bewusster wahr. Durch den Umstand, dass ich eine neue Art der Waldbewirtschaftung erlerne, lerne ich, bestimmte Sachverhalte aus einer anderen Perspektive zu betrachten. Meine Wahrnehmung und mein Denken haben sich verändert und werden sich weiterhin verändern, da aus der Reflexion des Bestehenden wieder etwas Neues entstehen kann. Und das geht immer so weiter. Also lerne ich durch das Lernen."

Oh, jetzt bin ich platt, schießt es mir gerade durch den Kopf. Als ich durch den stufigen Bestand turnte, setzte ich mich auseinander, wie ich mich in anderen Beständen bewege. So startete in mir ein Lernprozess über das Lernen. Die gleiche Wahrnehmung schilderte vorhin der Förster: Wir lernen durch das Lernen.

Mit diesen Gedanken kehre ich zurück zu meiner Eiche, um mich von diesem erlebnisreichen Nachmittag zu erholen.

Dieses Waldbild befasst sich mit dem Ansatz von single-loop learning, double-loop learning und deutero learning, der mehrheitlich auf der Theorie von Chris Argyris und Donald Schön[17] zur lernenden Organisation beruht. Es handelt sich dabei um das Lernen in Schlaufen. Beim Einschleifen-Lernen wird für ein Problem eine Lösung gesucht. Beim Doppelschleifen-Lernen entwickelt sich dank der zweiten Schleife, der Reflexionsschleife, ein anderes Verständnis gegenüber den eigenen Werten, Haltungen und Grundeinstellungen. Das führt dazu, dass nicht nur ein Problem behoben wird, sondern sich das Verhalten ändert, um langfristig diesem Problem gar nicht mehr zu begegnen. Das Mehrschleifen-Lernen umfasst sprichwörtlich mehrere Schleifen, indem durch die ständige Reflexion eines Prozesses ein Lernprozess eingeleitet wird. Dadurch lernen wir zu lernen.

---

17 Argyris/Schön (2008: 35ff.).

Wie entwickeln wir uns?

Heute gönne ich mir nach all den Erlebnissen der letzten Monate einen Ruhetag. So sitze ich gemütlich im Gras und lehne mich an einen Baumstamm. Vor mir erstreckt sich eine sehr kleine Lichtung im Wald. Darin erkenne ich einen Baumstrunk, woraus ein junges Bäumchen wächst. Das war früher eine sehr alte Linde, die vor zwei Jahren vom Blitz getroffen wurde und ausbrannte. An den Blättern sehe ich, dass nun ein junger Bergahorn daraus heranwächst. Es ist, als ob aus dem Alten wieder etwas Junges wird.

Betrachte ich den verkohlten Baumstrunk, denke ich automatisch an die wunderbare Linde, die früher da stand. Ich erinnere mich, wie ich sie zum ersten Mal sah und von ihrer Erhabenheit beeindruckt war. Meine Mutter erzählte mir, dass diese Linde jahraus jahrein von vielen Menschen besucht wurde. Was heute von ihr bleibt, sind die Erinnerungen an Erlebnisse, die jeder mit ihr verbindet. Sie hat Menschen geprägt und wird so in ihren Gedanken weiterexistieren.

Andererseits hat der Blitzeinschlag in die Linde jeden wach gerüttelt und verdeutlicht, dass niemand vor Risiken gefeit ist. Dieses Ereignis hat das Waldbild und das Verhalten der Menschen verändert. Es kommen heute andere Menschen zu diesem Ort.

Jene, welche die besondere Ausstrahlung der ehrwürdigen Linde schätzten, bleiben fern. Dafür besuchen Leute diese Lichtung, um sich zu sonnen und Energie zu tanken. Andere besuchen den Ort, um sich an den verschiedenen Gras- und Blumenarten zu erfreuen, die sich dank der hohen Sonneneinstrahlung eingefunden haben.

Ich besuche nach wie vor gerne diesen Ort, weil ich fühle, wie ich an einer Veränderung teilhaben kann. In diesem Frühling hat sich nun aus dem verkohlten Strunk der erste Spross eines Bergahorns entwickelt. Meine Art des Wahrnehmens verleiht mir Zuversicht für die Zukunft. Betrachte ich nur die direkten Folgen des Blitzschlages, verblende ich mir die Sicht auf etwas Neues und verharre womöglich in mich gekehrt beim Alten. So merke ich, wie meine Sichtweise meine Einstellung beeinflusst.

Indem nun mehr Licht auf den Waldboden fällt, kommen überall mehrere junge Bäume auf. Es gibt viel mehr Schmetterlinge und andere Insekten, die sich an den einzelnen Blumenarten laben. Auch beobachte ich in der Abenddämmerung Rehe, die sich an den frischen Gräsern gütlich tun. So hat ein Ereignis einen Einfluss auf eine ganze Reihe von Elementen.

Ich erkenne, wie ich Teil eines Systems bin, das in Wechselwirkung mit anderen Elementen steht. So habe ich letzten Herbst ein Eichellager auf dieser kleinen Lichtung errichtet, in der Hoffnung, dass aus einer Eichel eine Eiche wächst. Ich verstehe mein Handeln als Beitrag zur Entwicklung dieses Waldgebietes. Meine Nachkommen werden sich einst von den Eicheln dieser zukünftigen Eiche ernähren. Mein Handeln beeinflusst die Zukunft.

Ich spüre, wie sich meine Aufmerksamkeit von der verkohlten Linde auf die Sicherung der Existenzgrundlage meiner Nachkommen lenkt. Meine Perspektive ändert sich, indem ich nicht nur meine Bedürfnisse, sondern die zukünftigen Bedürfnisse meiner Kinder zu erfüllen versuche. Ich fühle mich mit ihnen verbunden, auch wenn sie noch nicht auf der Welt sind und es vielleicht niemals sein werden. Es vermittelt mir jedoch einen Sinn, warum ich etwas tue. Ich handle authentisch und lasse mich von meinem Inneren führen.

Mein Herz erwärmt sich von der Sonne und meinen Gedanken. Ich verharre in diesem einmaligen Augenblick. Meine Erlebnisse der letzten Monate ziehen gedanklich an mir vorbei. Es ist wie eine Filmsequenz, die innerlich vor meinen Augen abläuft. Ich merke, wie einige Ereignisse schnell verblassen und andere sich klar und beständig zeigen. Es ist, als würden meine Gedanken durch ein Sieb hindurchgehen. Am Schluss bleiben nur diejenigen, mit denen ich zukünftig meinen „inneren" Weg beschreiten werde. Es wird intuitiv das Richtige sein. So öffne ich mich vollkommen, um meiner tieferen Quelle des Wissens und der Kreativität Raum zu geben. Es ist ein Raum, in dem etwas Werdendes kommen mag und ich Gewordenes loslassen kann.

Tief in meine Gedanken versunken nehme ich wahr, dass sich in meinem Geist ein Bild abzeichnet. Ich erkenne mich, wie ich letztes Jahr auf der Fläche um die verkohlte Linde herum Eicheln vergraben habe. Dabei spüre ich, wie glücklich und zufrieden ich in diesem Bild wirke. Der Gedanke, einen Beitrag für meine Nachkommen zu leisten, erfüllt mich vollkommen.

Ich tat es mit einer selbstverständlichen Leichtigkeit und Gelassenheit. Jeglicher Zweifel, wie zum Beispiel dass die Wildschweine die Eicheln ausgraben könnten, blieb fern. Meine Stärke und mein Vertrauen in mein Wirken lassen mich unbekümmert in die Zukunft blicken.

So merke ich: Wenn ich etwas tue, das ich liebe, beginne ich zu lieben, was ich tue. Was bedeutet das nun für mich? Wie lege ich mein Handeln aus, damit etwas entsteht, womit ich mich verbunden fühle und das mich erfüllt?

Bleibe ich mit meinem Innern verbunden und fühle ich, wie verschiedene Möglichkeiten in mir erwachen, beginne ich mich langsam zu entfalten. Mein Bild der Zukunft fängt an sich zu klären. Ich verspüre, wie in mir die Absicht reift, mein Bild zu realisieren. Ein Bild, das sich ständig entwickelt, verändert und wandelt. Ein Bild, das Reflexion und Lernen bedingt. Ein Bild, das meinen Willen zur Umsetzung verlangt.

Mein Bild mit den Eicheln, die ich für meine Nachkommen vergrabe, beherrscht mich. Ich sehe, wie ich überall auf lichten Flächen in meinem Waldgebiet beginne Eicheln einzugraben, aus denen junge Bäume entstehen werden. Warum nur in meinem Waldgebiet? Was wäre, wenn Eichhörnchen in anderen Waldgebieten das Gleiche täten? Im Prinzip vergräbt jedes Eichhörnchen für seinen Futterbedarf Eicheln. So sehe ich meine Rolle darin, die Motivation der anderen Eichhörnchen für ein im Entstehen begriffenes gemeinsames Bild zu wecken. Was hindert mich daran, meine Erfahrungen, die ich in den letzten Monaten sammelte, mit anderen auszutauschen und gemeinsam daraus zu lernen? Daraus kann das Bedürfnis wachsen, sich mit sich selbst, mit anderen und mit seinem Umfeld auseinanderzusetzen.

Ich erwache aus meinen Gedanken. Das Bild, das in meinem Inneren entstand, zeigt sich mir bei vollem Bewusstsein klar und deutlich. Ich sehe, wie meine Eichhörnchenkollegen und ich an geeigneten Orten Eicheln anlegen, sodass junge Eichen daraus entstehen. Es ist ein Anblick, der mich erfüllt und der mich lehrt, dass jedes Eichhörnchen spezifisch nach seiner Persönlichkeit und seinem Umfeld eine unterschiedliche Vorgehensweise praktiziert.

Ein neuartiges Potenzial entsteht durch die Vielfalt jedes Einzelnen und durch ein gemeinsames Bild. Dieses konkretisiert sich im Dialog mit den anderen Eichhörnchen.

Ich fühle mich in meinem Innern so stark verwurzelt und ich vertraue auf meine Fähigkeit, vernetzt zu denken und zu handeln, dass mein Bild, aus Eicheln junge Eichen wachsen zu lassen, real wird.

Aus meiner gemütlichen Sitzstellung am Baumstamm aufgesprungen, überblicke ich die Lichtung mit dem Baumstrunk und dem daraus entstehenden jungen Baum. Genau, ich bin Teil dieses Waldgebietes und mein Handeln beeinflusst verschiedene Elemente darin. Dabei stehe ich nicht nur in Wechselbeziehung mit jenen Elementen, sondern auch mit solchen in anderen Waldgebieten. Alles ist miteinander vernetzt. Will ich, dass mein Bild der jungen Eichen in allen Waldgebieten Wirklichkeit wird, so habe ich in Kontakt mit den anderen Eichhörnchen zu treten. Ich will gerade aufbrechen, um nach und nach all meine Kollegen mit meinem Bild zu einer gemeinsamen Vision zu inspirieren; nach dem Motto: „Wollen wir gemeinsam etwas erreichen, lass uns aufgrund unserer Erfahrungen und unserer Bedürfnisse ein Bild kreieren, das uns so inspiriert, dass es real wird"[18].

Dieses Waldbild basiert auf der U-Theorie nach C. Otto Scharmer. Führung seiner eigenen Persönlichkeit beginnt, wenn sich Menschen „mit dem verbinden, was sie wirklich sind, um ihre Rolle in der entstehenden Zukunft wahrzunehmen"[19]. Es ist die Kraft des authentischen Selbst. Dieser Lernprozess bedingt die Öffnung seines Denkens, Fühlens und Willens und ist als „U" dargestellt. Der Erfolg dieses Prozesses hängt von der inneren Führung des Einzelnen ab. Das heißt, zuerst wahrzunehmen (Schritte 1–3),

---

18 In Anlehnung an Antoine de Saint-Exupéry: „Wenn Du ein Schiff bauen willst, dann trommle nicht Männer zusammen um Holz zu beschaffen, Aufgaben zu vergeben und die Arbeit einzuteilen, sondern lehre die Männer die Sehnsucht nach dem weiten, endlosen Meer". (http://www.zitate-online. de/autor/saint-exupery-antoine-de/, letzter Zugriff: 22.4.2018).
19 Scharmer (2013: 18).

danach nachzudenken und seinem Inneren erlauben, sich zu entfalten (Schritt 4) und abschließend zu handeln (Schritte 5–7).

Die sieben Schritte sind:

1. Downloading (Runterladen): sich bewusst sein, was seine Wahrnehmung beeinflusst.
2. Seeing (Hinsehen): sich als Teil eines Systems sehen und sein Handeln verstehen.
3. Sensing (Hinspüren): sich als authentisches Ganzes fühlen und Mitgefühl zeigen.
4. Presencing (Anwesendwerden): „sein eigenes höchstes Zukunftspotenzial zu erspüren, sich hineinziehen zu lassen und dann von diesem Ort aus zu handeln."[20]
5. Crystallizing (Verdichten): zukünftige Möglichkeiten erspüren und mit seinem Innern verbunden bleiben, um sich langsam zu entfalten.
6. Prototyping (Erproben): integer sein sowie durch ständiges Reflektieren seines Handelns lernen und sich weiterentwickeln.
7. Performing (in die Welt bringen): sich als Teil eines größeren Ganzen verstehen und darin handeln.

---

20 Scharmer (2013: 35).

Schluss-Waldbild

Sie sind nun am Schluss Ihres Waldbesuchs angelangt und haben die Chance erhalten, dreizehn Waldbilder kennenzulernen, die verschiedene Aspekte der vier Themenbereiche Führung von innen, Kommunikation, Führung nach außen und Organisationsentwicklung aufzeigten. Erinnern Sie sich an die Abbildung 3 (Überblick über die ausgewählten Theorien/Modelle)? Darin wurde die Entwicklung von innen nach außen dargestellt, um einen Lernprozess zu aktivieren. Betrachten Sie nun vergleichend die unten stehende Abbildung (Abb. 4). Was nehmen Sie wahr?

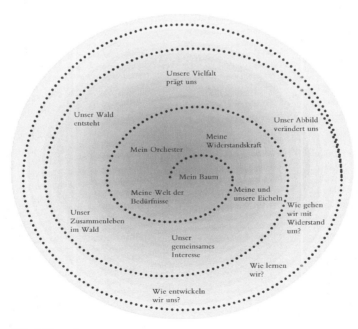

Abb. 4: Unser Lernprozess

Sie bemerken im Vergleich zur Abbildung 3, dass sich der Name der Theorien/Modelle durch den Titel der Waldbilder ersetzt hat. Das anfänglich Fremde dieser Modelle hat sich nun in etwas Vertrautes umgewandelt, indem Sie die Geschichten der dreizehn Waldbilder gelesen haben. Ebenso hat sich aus den abstrakten Theorien/Modellen etwas Fassbares für Sie ergeben können. Das kann Ihnen Ihre Selbstreflexion erleichtern, wenn Sie bei einem realen Waldbesuch eines dieser Waldbilder mit allen Sinnen erleben können.

Zusätzlich ist Ihnen vermutlich aufgefallen, dass die klar abgegrenzten Kreise in Abbildung 3 einer dynamischen Schleife, so wie bei einem Schneckenhaus, gewichen sind. Die Übergänge fließen farblich ineinander hinein.

Der Ursprung in Abbildung 3 bildet das Zentrum Ihrer eigenen Persönlichkeit; also „Mein Baum". Sie setzen sich sowohl mit Ihren innersten und verborgenen Elementen wie Grundeinstellung, Haltung, Werte und Motive, wie auch mit eher sichtbaren Elementen wie Regeln, Verhalten und Kommunikation auseinander. Sie entwickeln sich davon ausgehend weiter, indem Sie sich über die Bedeutung Ihrer Bedürfnisse und Ihrer inneren Stimmen im Klaren sind. Ebenfalls wissen Sie, dass Ihr eigenes Befinden sowie ihr Umfeld maßgebend sind, um Ihre Widerstandfähigkeit zu erhalten und zu stärken.

Damit Sie in Ihrem Umfeld wirkungsvoll interagieren können, vermittelten Ihnen drei Waldbilder elementare Fähigkeiten. Diese sind einfühlsam zuzuhören, ein gemeinsames Interesse zu identifizieren und zu verfolgen sowie wahrzunehmen, welchen Einfluss ein Umfeld auf die Art und Weise einer Interaktion mit anderen nimmt.

Kennen Sie sich selbst und Ihre Art der Interaktion beziehungsweise Kommunikation, haben Sie sich eine vielversprechende Basis für das Führen nach außen erarbeitet. Das bezieht sich auf das Führen von Gruppen. Dazu gehört, wie eine Gruppe entsteht und sich entwickelt, welchen Nutzen durch das Zusammenwirken unterschiedlicher Gruppenmitglieder hervorgebracht wird und wie Sie Ihrem Gegenüber sein Entwicklungspotenzial aufzeigen.

Sind Sie fähig, sich für Veränderungen zu öffnen, in denen ein Klima des Vertrauens besteht, lernen Sie als Gruppe und entwickeln sich und Ihr Umfeld weiter. Ihre Bereitschaft zur Selbstreflexion und Ihr konstruktiver Umgang mit Widerstand sind wichtige Meilensteine für Ihre Entwicklung und diejenige Ihres Umfelds. Sie erkennen sich als Teil eines Systems, das mit anderen Elementen in Wechselbeziehung steht.

Die Waldbilder bauen daher auf der Persönlichkeitsentwicklung einer Person auf. Sie nehmen Einfluss auf die Interaktion und Entwicklung von Gruppen und wirken sich auf die Entwicklung Ihrer Persönlichkeit und Ihres Umfelds aus. Es ist wie ein ständiger Kreislauf, der als dynamische Schleife in Bewegung bleibt.

Welche Waldbilder haben Sie in diesem dynamischen Prozess der Persönlichkeitsentwicklung und Entwicklung des Umfelds besonders angesprochen? Und warum?

Meine Selbstreflexion

Zur Unterstützung Ihrer Selbstreflexion teile ich mit Ihnen einige meiner Gedanken, die ich beim Erarbeiten dieser dreizehn Waldbilder wahrgenommen habe.

Zu Beginn eines Waldbildes war ich mir meistens bewusst, welche Aussage eines Modells ich abbilden möchte. Wie dies im Detail auszusehen hatte, wurde mir erst im Verlauf des Schreibens klar. Es war, als ob ich mein Ziel kannte und den Weg dazu jedes Mal neu beschritt. Das gab mir die Freiheit, meinen Gedanken freien Lauf zu lassen. So entdeckte ich für mich einige neue Sichtweisen.

Beim Waldbild „Unser Zusammenleben im Wald" verfolgte ich zunächst die Idee der Theorie der kulturellen Identität. Beim Schreiben stellte ich fest, dass mein entstandenes Waldbild weniger diesem Modell entsprach. Anstatt eines eher statischen Waldbildes aus Bäumen, zeigte das Abenteuer des Eichhörnchens in der Interaktion mit seinem Gefährten eine gewisse Dynamik auf. So assoziierte ich das Waldbild mit dem Modell der themenzentrierten Interaktion. Dabei geht es um die Interaktion mit anderen, die ein gemeinsames Interesse verfolgen. Dieses Modell ermöglichte mir daher einen idealen Übergang von der Entwicklung der eigenen Persönlichkeit zur Entwicklung von Gruppen.

Ebenso vollzog ich beim Schreiben sowie durch Gespräche vor und während der Erarbeitung der Waldbilder einen inneren Wandel. Ich merkte, dass sich die meisten Modelle nicht anhand von Bäumen alleine, sondern in der Interaktion mit Lebewesen, sei es mit Eichhörnchen, Wildschweinen oder Personen, die den Wald in irgendeiner Form nutzen, darstellen ließen. Die Selbstreflexion über die Entwicklung der eigenen Persönlichkeit sowie derjenigen einer Gruppe wird durch eine Metapher über Lebewesen einfacher angestoßen. Daher sind die Waldbilder je nach Modell stärker auf Lebewesen im Wald als auf Waldbäume ausgerichtet.

So wie ich Sie ermutige, Ihre Gedanken während des Lesens zu verarbeiten, so versuchte ich herauszufinden, warum ich dieses Waldbild gerade so beschrieb, wie Sie es nun vorfinden. Es war, als ob während des Schreibens etwas in meinem Unbewussten aktiviert wurde, das meine Gedanken während des Schreibens beeinflusste. Manchmal entwickelte sich eine Geschichte frei aus dem Verlauf des Schreibens heraus, über deren Wirkung und Ergebnis ich selbst staunte. Ich spürte, wie sich dadurch etwas in meinem Innern auslöste.

Welche meiner verborgenen Grundeinstellungen, Bedürfnisse und Motive kamen zum Vorschein? Welche Gefühle löste das Beschreiben der Waldbilder in mir aus? Wie gehe ich nun damit um?

Ich tausche mich gerne mit vertrauten Personen über die bewussten und teils unsichtbaren Anteile meiner Persönlichkeit aus, um deren Sichtweise zu erhalten. Alles, was jedoch tief in meinem Innern ist und daher mir und meinem Umfeld unbewusst ist, behalte ich vorerst für mich. Ich versuche meinen blinden Fleck zu verkleinern, indem ich in der Interaktion mit anderen ihre Wahrnehmung über meine Aussagen und über mein Verhalten beobachte. Natürlich sind das sehr subjektiv gesteuerte Wirklichkeiten, die ich wahrnehme. Denn die Art und Weise, wie ich mich verhalte, kann je nach Gegenüber und seinem derzeitigen Befinden völlig unterschiedlich aufgenommen werden. Ebenso kann ich seine Reaktion unterschiedlich deuten.

Ich bin mir bewusst, dass die direkteste Methode, um mehr über meine unsichtbaren und unbewussten Anteile der Persönlichkeit zu erfahren, ein Gespräch mit der Bitte um ein wertschätzendes Feedback ist. Manchmal ergreife ich die Gelegenheit dazu. Manchmal warte ich ab und beobachte mich weiter, um zu sehen, ob sich mein erster Eindruck über mich selbst bestätigen wird.

Wie erfahren Sie mehr über Ihre Persönlichkeit? Wie können Sie dabei von den verschiedenen Waldbildern über sich selbst lernen?

Ihr Handlungsspielraum

Nach Ihrem virtuellen Waldbesuch lade ich Sie nun ein, die erlebten Waldbilder in der Realität zu erleben, falls Sie dies nicht
schon längst getan haben!

Ich gehe davon aus, dass Sie Ihre Wahrnehmung für einen
Perspektivenwechsel haben schärfen können. Ebenso löste die eine
oder andere Frage, Bemerkung oder Schlussfolgerung des Eichhörnchens in Ihnen einen Prozess aus, der Sie zum Reflektieren
anstieß und es noch weiterhin tun wird. Wann immer Sie sich
irgendwo in einem entspannten Zustand befinden, kann aus ihrem
Unbewussten eine Situation aus einem der Waldbilder hervor-
treten, die Sie dazu bewegt, sich mit Ihrer eigenen aktuellen
Situation auseinanderzusetzen. Sie mögen dabei etwas Neues
kreieren, das für Sie nutzbringend ist. Insbesondere beim Gehen
wird unsere Kreativität aktiviert!

Ebenfalls hoffe ich, dass durch das Wahrnehmen der Waldbilder
Ihr Bewusstsein für unseren Lebensraum Wald gestiegen ist. Sie
erkennen seinen Wert nicht nur in ökologischer und wirtschaftlicher Hinsicht, sondern auch für Sie persönlich als einen Ort
der Entspannung, woraus Sie etwas für Ihre Entfaltung und Entwicklung mit nach Hause nehmen. Indem Sie sich sensibilisierten
über einen Bereich, der Ihnen vielleicht weniger vertraut war,
nämlich die Waldwirtschaft, öffnen und erweitern Sie Ihre Sichtweise. Sie lernen von etwas für Sie Fremdem über Ihr Eigenes.
Ihr Bewusstsein vom Nutzen eines Denkens und Handelns über
ein von Ihnen bekanntes und vertrautes Umfeld hinaus ist gestiegen. Sie beginnen, sich in einem dynamischen System zu ver-
netzen und Wechselwirkungen zu erkennen!

Ein Baum oder ein Wald kann Ihnen ein Gefühl von Sicherheit bei Ihrem Entwicklungsprozess als Person oder als Gruppe
geben, da ein Baum über mehrere Menschengenerationen wächst
und sich teilweise auf Veränderungen einstellen kann. Er reagiert
auf Einflüsse von außen und kann diesen oftmals standhalten.

Manchmal ist er dazu nicht in der Lage. Sie haben die Möglichkeit, Ihren Standort zu ändern, indem Sie sich aktiv und zielorientiert entwickeln können. Lernen Sie aus diesen Waldbildern für Ihre Zukunft und nutzen Sie Ihre Potenziale, um sich und Ihr Umfeld so mitzugestalten, dass Sie sich darin wohlfühlen!

„Die Zukunft ist nicht einfach ein Ort, an den wir uns begeben, sondern ein Ort, den wir erschaffen. Die Wege dorthin lassen sich nicht finden, sondern müssen gegangen werden, und dieses Gehen verändert sowohl den, der geht, als auch das Ziel. "[21]

---

21 John Schaar in Allen (2011: 254).

Ein mögliches Vorgehen

Sie haben nun dreizehn Waldbilder entdeckt und darüber reflektiert. Was nun? Anhand eines Beispiels habe ich im Folgenden in sechs Schritten skizziert, wie ich mir ein mögliches Weiterverarbeiten vorstelle.

Schritt 1: Wahrnehmen

Ich spaziere alleine durch den Wald meines Wohnorts. Gedanklich grüble ich über meine Erlebnisse vom Vortag. Die Bäume und alles andere nehme ich nur sehr distanziert, wie durch einen Schleier, wahr. Auf einmal höre ich ein Rascheln und richte meinen Blick in diese Richtung. Ich sehe am Waldboden das Laub vom vergangenen Jahr und einen Vogel darin herumhüpfen. Überall sprießen Gräser und junge Bäumchen hervor.

Ich öffne meinen Blick und nehme das ganze Waldgebiet wahr. Mit meinen Augen folge ich den Wurzeln über die Baumstämme bis in die Kronen hinauf. Ich erkenne verschiedene Rindenmuster und Blattformen. Die Bäume sind unterschiedlich hoch und dick. Es ist ein Patchwork aus Buchen, Eichen, Bergahornen, Eschen, Fichten und Tannen, die sich räumlich unterschiedlich strukturieren. Es hat junge, ältere und ganz alte Bäume, die unterschiedlich vital sind.

Dank diesem Blick über das ganze Waldgebiet erweitert sich mein Blick auf die Erlebnisse vom Vortag. Ich erinnere mich, wie ich meinen Standpunkt in der Teamdiskussion vertreten habe. Ich heftete mich dabei an meine langjährigen Erfahrungen und beharrte auf deren uneingeschränkter Gültigkeit. Meine Mitarbeiter brachten ihre Anliegen ein. Dabei sah ich nur die Basis des Stammes und erkannte nicht den ganzen Baum. Ich unterband ihre Argumentation frühzeitig, wodurch ich mir selbst den Blick auf ihre Vorschläge versperrte. So ignorierte ich das Potenzial, neuartige Lösungen zu kreieren, indem ich die Vielfalt meiner Mitarbeiter nicht nutzte.

Schritt 2: *Annehmen*

Ich bewege mich frei in diesem Waldgebiet herum und erlebe ein Zusammenspiel von Bäumen unterschiedlicher Arten, Ausprägungen und Altersstufen. Die Vielfalt der Farben, Formen und Strukturen beginnt mich zu faszinieren. Ich sehe, wie das Spiel mit Licht und Schatten das Aufkommen von jungen Bäumen und Gräsern an lichten Stellen ermöglicht. An schattigen Stellen scheint die Entwicklung etwas langsamer zu sein.

Ich erkenne die Unterschiede der Bäume und nehme sie an. Ebenso möchte ich es mit der Vielfalt in meinem Team tun. Meine innere Stimme, die sich gegen das Unterschiedliche wehrte, weicht nach und nach meiner inneren Stimme der Faszination und der Neugier. So bewirkt meine offenere Haltung, dass ich beginne, die Vielfalt in meinem Team anzuerkennen und wertzuschätzen.

Schritt 3: *Verstehen*

Halte ich einen Moment inne, um meinen Blick wieder über das ganze Waldgebiet schweifen zu lassen, stellen sich mir einige Fragen. Wie entsteht das Zusammenleben unter Bäumen? Wie funktioniert es? Und was braucht es dazu?

Beantworte ich diese Fragen aus meiner Perspektive, sieht es für mich so aus, als hätte sich dieses Zusammenspiel der Bäume natürlich ergeben. Ich weiß nicht, wie lange diese Interaktionen bereits bestehen. Auf mich wirken sie jedenfalls so, als ob sich das Zusammenleben sehr harmonisch eingespielt hat. Jeder Baum hat seinen Platz, obschon einige mehr oder weniger Raum zum Wachsen haben. Ich denke, dass die Bäume irgendwie untereinander kommunizieren und ihre Interessen gegeneinander abwägen.

Wie sieht es jedoch aus der Sicht eines Baumes aus? Jeder Baum fordert seinen eigenen Raum für das Wachstum seiner Wurzeln, seines Stammes und seiner Krone. Er nutzt seine individuellen Stärken aus, um sich gegenüber den anderen Bäumen behaupten zu können. Sein Ziel ist es, möglichst vital zu sein, um lange zu leben und viele Früchte produzieren zu können. So bewirkt er, dass mit etwas Glück viele junge Bäumchen heranwachsen. Vielleicht leben also die Bäume gar nicht so harmonisch zusammen, wie ich es mir vorstelle?

Und wie versteht der Förster dieses Zusammenleben? Er ermöglicht die Vielfalt an Baumarten und Altersstufen durch sein gezieltes Eingreifen. Indem er den Lichteinfall reguliert, können dort, wo genügend Licht auf den Waldboden kommt, junge Bäumchen wachsen. Ebenso können bestehende Kronen durch die Lichtdosierung mehr Platz für die Ausdehnung ihrer Kronen erhalten. Der Förster braucht dazu ein Verständnis der natürlichen Entwicklung von Bäumen und deren Interaktionen. Dazu beobachtet er das betreffende Waldgebiet regelmäßig und entwickelt ein Gefühl für die Dringlichkeit einer Maßnahme.

Ich stelle fest, dass eine Situation je nachdem aus welcher Perspektive man sie betrachtet, etwas anderes vermittelt. Ich persönlich sehe ein harmonisches Zusammenleben, dem Baum geht es um Existenzsicherung und dem Förster um gezielte Strukturierung.

Wie empfinde ich die Zusammenarbeit in meinem Team? Und wie sehen sie meine Mitarbeiter? Ich stelle fest, dass meine Mitarbeiter unterschiedliche Fähigkeiten und Stärken haben. Sie entwickeln sich daher schneller oder langsamer. Es ist, als ob sie wie die jungen Bäumchen mehr oder weniger Licht zum Wachsen bedürfen.

Über die Sichtweise meiner Mitarbeiter weiß ich eigentlich gar nichts. Das ist gar nie Gegenstand von Mitarbeitergesprächen. Daher vermute ich, dass einige Mitarbeiter versuchen, sich gegenüber den anderen zu profilieren. Es ist wie beim Baum die Existenzsicherung. Andere Mitarbeiter scheinen keine solchen Ansprüche zu haben. Ihnen scheint die Harmonie im Team wichtiger zu sein.

Schritt 4: *Reflektieren*

Wie ermögliche ich nun, dass sich die Bedürfnisse jedes Mitarbeiters befriedigen lassen und dessen Fähigkeiten und Stärken genutzt werden? Bis anhin versuchte ich, alle Mitarbeiter gleich zu fördern. Es schien mir der fairste Ansatz zu sein.

Durch den Gesamtblick des Waldgebietes erkenne ich nun das Potenzial der Vielfalt und nehme es als harmonisches Zusammenleben wahr. Warum erkenne und nutze ich das Potenzial meiner Mitarbeiter nicht besser? Und warum wirken auf mich unsere Teamdiskussionen gar nicht harmonisch, obschon mir Harmonie wichtig erscheint?

Was ist letztlich meine Rolle als Teamleiter? Vergleiche ich mich mit dem Förster, der für die Strukturierung des Waldes verantwortlich ist, so müsste ich in diesem Sinne das Licht zum Wachsen der jungen Bäumchen regulieren. Das heißt, ich erkenne gezielt die Fähigkeiten und Stärken meiner Mitarbeiter und fördere sie. Zudem gestalte ich die Rahmenbedingungen in unserem Team so, dass sich die Mitarbeiter entfalten können.

Schritt 5: Lernen

Was lerne ich nun daraus? Damit ich in meinem Team mehr Harmonie verspüre, ist meine eigene Haltung entscheidend. Gebe ich meinen inneren Stimmen der Faszination und der Neugier über die Vielfalt und deren Entwicklungsmöglichkeiten eine Chance? So trete ich in Gruppendiskussionen lockerer auf, anstatt dass ich meine Standpunkte hartnäckig vertrete und die Meinung der anderen jeweils unterbinde. Das setzt einerseits voraus, dass ich den Fähigkeiten und Stärken meiner Mitarbeiter Vertrauen schenke. Andererseits gestalte ich die Rahmenbedingungen so, dass eine Basis des Vertrauens zwischen meinen Mitarbeitern und mir entsteht. Das ermöglicht mir, jeden Mitarbeiter individuell und gezielt zu fördern.

Schritt 6: Entwickeln

Gelingt es mir eine Vertrauensbasis aufzubauen, so werde ich von meinen Mitarbeitern viel eher deren Sichtweise über unsere Zusammenarbeit als Team erhalten oder erfahren. Das stete Feedback bewirkt, dass unser Team sich als Ganzes weiterentwickelt, indem sich jeder einzelne Mitarbeiter gemäß seiner Persönlichkeit weiterentwickelt. Das schließt mich selber ein. So bin ich selbst der Schlüssel zur Entwicklung meiner Persönlichkeit sowie der Entwicklung meines Teams!

Exkurs „vier relevante Ansätze"

Warum basiert das Buch auf den vier Ansätzen Persönlichkeit und Selbstmanagement, Neuroleadership, single-loop learning, double-loop learning und deutero learning und Blue Ocean Strategy?

Als mir diese Ansätze vermittelt wurden, fühlte ich mich gleich sehr angesprochen. Sie veranlassten mich, über mich und meine Entwicklungspotenziale zu reflektieren. Wo stehe ich heute, wie prägten mich meine Erfahrungen bisher und wie möchte ich mich weiterentwickeln? Diese Selbstreflexion ermöglicht mir, mich immer wieder aufs Neue auszurichten. Genau das möchte ich Ihnen mit diesen Ansätzen ermöglichen.

Auf diesen vier Ansätzen beruhen die Waldbilder und folglich die Theorien/Modelle der Persönlichkeits- und Organisationsentwicklung. In der Abbildung 5 erkennen Sie, dass die Darstellung und Farbenwahl der vier Ansätze identisch ist mit den ausgewählten Theorien/Modellen der Persönlichkeits- und Organisationsentwicklung. Warum ist das so?

Einerseits erleichtert die einheitliche Darstellung Ihnen die Orientierung durch das Buch. Andererseits beleuchten die vier Ansätze die vier Themenbereiche (Führung von innen, Kommunikation, Führung nach außen, Organisationsentwicklung) aus einer ähnlichen oder aus etwas einer anderen Perspektive.

Zuerst befassen Sie sich mit dem Ansatz Persönlichkeit und Selbstmanagement, der sich mit unserem Innern auseinandersetzt. Darauf basieren die Theorien/Modelle des Themenbereichs Führung von innen.

Der Ansatz Neuroleadership zeigt Ihnen, wie das Unbewusste unsere Selbstführung prägt. Neuroleadership beeinflusst alle drei anderen Ansätze, ebenfalls tut dies der Themenbereich Kommunikation.

Anhand des Ansatzes single-loop learning, double-loop learning und deutero learning erfahren Sie, wie wir als Individuum und als Gruppe lernen. Daraus leiten sich die Theorien/Modelle des Themenbereichs Führung nach außen ab.

Mit dem letzten Ansatz Blue Ocean Strategy, der einen systemischen Ansatz zu einer unangefochtenen Positionierung einer Organisation in ihrem Umfeld verfolgt, stellen Sie die Verknüpfung zum Themenbereich Organisationsentwicklung her.

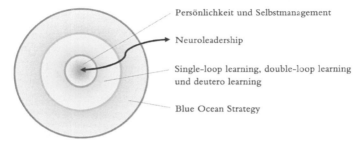

Abb. 5: Die vier relevanten Ansätze dieses Buches

Persönlichkeit und Selbstmanagement

Wir entwickeln uns weiter, indem wir unsere mentalen Haltungen fördern und uns bewusst attraktive Fernziele setzen. Es ist dabei entscheidend, sich immer wieder auf das auszurichten, was einem wichtig ist. Dies setzt voraus, dass wir lernen, unser reales Umfeld und unsere inneren Stimmen deutlicher wahrzunehmen. Dadurch gestalten wir unsere Wirklichkeit mit. Indem wir uns über unsere Prinzipien, Grundeinstellungen, Werte und Motive bewusst sind, handeln wir gewissenhaft und aus möglichst freiem Willen. Wir entwickeln uns aktiv von innen nach außen[22]. Dies bedeutet, dass jeder nur sich selbst ändern und weiterentwickeln kann.

Dazu bedarf es, sich seiner eigenen Vision treu zu bleiben und den wahren Gegebenheiten der Realität ins Auge zu blicken

---

22 Covey (2012: 23ff).

(„personal mastery"[23]). Diese Differenz zwischen dem, was wir heute als wahr anerkennen und dem, was wir zukünftig anstreben, setzt kreative Energie frei. Wissen wir mit dieser kreativen Spannung umzugehen, ändern wir unsere eigene Haltung und beginnen zu lernen. Es ist dabei entscheidend, sich bewusst zu sein, dass wir es selbst in der Hand haben, unsere Vision wahr werden zu lassen. Wir können den Gedanken über die eigene Machtlosigkeit sowie über die eigene Wertlosigkeit verwerfen, indem wir uns bewusst mit unseren Wurzeln des Denkens; unseren Grundeinstellungen, Prinzipien und Gefühlen; auseinandersetzen. Fühlen und handeln wir persönlich integer, schöpfen wir aus der Quelle unseres Selbstwertgefühls. So erfahren wir ein persönliches Wachstum, wenn wir unsere Realität bewusst wahrnehmen, unsere Grundeinstellungen kennen und akzeptieren und uns in entspannter Konzentration (Flow) befinden. Wenn wir wissen, wann und in welcher Umgebung wir uns in einen Flow-Zustand versetzen können, fördern wir unser Potenzial, kreativ zu denken. Es ist ein Ort, der unsere Persönlichkeit widerspiegelt und an dem wir intrinsisch motiviert sind. Dort fällt es leichter, das eigene Umfeld zu vergessen und sich vollkommen auf die momentane Aktivität zu konzentrieren[24]. So kann beim Gehen, wenn wir durch etwas Bestimmtes aufmerksam werden, ein Teil unseres Gehirns Sachen verknüpfen, die es normalerweise nicht verknüpft[25]. Kreativität entsteht also im Zusammenwirken zwischen unseren eigenen Gedanken und unserem sozialen Kontext[26]. Dabei wird etwas Bestehendes weiterentwickelt oder es entsteht etwas Neues. Das heißt, wir lernen.

---

23 Senge (2011: 152ff., 177).
24 Csikszentmihalyi (2014: 208ff.).
25 Csikszentmihalyi (2014: 200).
26 Csikszentmihalyi (2014: 41).

Neuroleadership

Wie der Begriff besagt, befasst sich dieser Teilbereich der Hirnforschung mit Gehirn und Führung. In der Hirnforschung geht es um den zentralen Prozess vom scheinbar bewussten Denken zum Unbewussten[27]. Unser Erleben und Verhalten unterliegt daher auch unbewussten Vorgängen. Sind wir uns dessen im Klaren, können wir unsere Interaktionen mit anderen bewusster gestalten. Wir reflektieren unsere Gefühle und Gedanken. Das ermöglicht uns lebenslang zu lernen, sofern wir etwas Bestimmtes selber verstehen, dies für sinnvoll erachten und uns dafür motivieren können.

Neuroleadership im Konkreten verbindet die Kenntnisse der Hirnforschung mit Management- und Führungstheorien. Das Ziel dabei ist es, einen Kontext zu erschaffen, in dem gehirngerechter geführt werden kann. Das bedeutet zuerst, sich selbst zu kennen und die unbewussten Prozesse im Gehirn wahrzunehmen. Genauso heißt es, sein Gegenüber zu kennen und sich dessen unbewusster Prozesse im Gehirn bewusst zu sein. Dieses Verständnis unterstützt uns im Alltag, unter anderem dabei, wie wir kommunizieren, entscheiden und Lösungen erarbeiten. Dabei kann die Qualität unseres Zusammenspiels mit dem Gegenüber verbessert werden.

Es gilt daher eine Kultur zu entwickeln, worin jeder sich seinen inneren Einstellungen und Überzeugungen bewusst werden und sich entfalten kann. Dies bedeutet, sein Gegenüber zu ermutigen und ihm Vertrauen zu schenken, neue Wege zu beschreiten, ihm Feedback zu geben und ihm Freiheiten einzuräumen. Ebenso bedarf es, sich seiner eigenen Gefühle und denen des Gegenübers im Klaren zu sein, auf gleicher Augenhöhe zu kommunizieren und transparent zu handeln (PERFEKT Schema[28]).

---

27 Elger (2009: 28).
28 Peters/Ghadiri (2011: 137ff.).

Single-loop learning, double-loop learning und deutero learning

Wir lernen auf verschiedene Art und Weise und mit unterschiedlicher Wirkung. So ist Lernen ein Prozess wie auch ein Ergebnis. Beim single-loop learning[29] machen wir sinngemäß eine einzige Lernschleife. Das bedeutet, wir erkennen ein Problem und suchen dafür eine Lösung. Es geht um die Behebung eines Fehlers sowie um die Verbesserung eines Prozesses. Beim double-loop learning[30] reflektieren wir anhand der zweiten Schleife kritisch, ob Ziel und Wirkung übereinstimmen. Wir nehmen wahr, ob und wie die beabsichtigte Wirkung erreicht wird. Dabei werden wir uns über Motive, Gründe, Werte und Normen bewusst, die es braucht, um die erwünschte Wirkung zu erzielen. Wir streben nach produktivem Denken und Lernen; das heißt, nach einer Veränderung der Wertvorstellungen. Beim deutero learning[31] gibt es mehrere Schleifen. So können wir immer wieder aus den sich ändernden Wertvorstellungen lernen, sofern wir Veränderungen im Voraus erkennen und eigenständig gestalten können. Wir streben an, das Lernen zu lernen.

---

29 Argyris/Schön (2008: 35f.).
30 Argyris/Schön (2008: 36f.), Noriko Richta (2012: 160f.).
31 Noriko Richta (2012: 162).

Blue Ocean Strategy[32]

Es handelt sich um ein strategisches Instrument für Organisationen, um Märkte zu schaffen, in denen es keine Konkurrenz gibt. Dieser Ansatz beruht auf einer anderen Art des Denkens. Es ist ein systemischer Ansatz, der über existierende Marktstrukturen hinausreicht und die Dynamik des Umfelds wahrnimmt. Es geht nicht darum, die Konkurrenz zu schlagen, sondern sich vielmehr bewusst zu sein, dass eine zusätzliche Nachfrage vorhanden ist, die noch zu stillen ist.

Der Fokus richtet sich daher auf Innovation, um eine Wertsteigerung für den Kunden und die Organisation zu erreichen. Dabei richtet sich die Innovation nach Nutzen, Preis und Kosten aus.

Dieser Strategie liegen folgende sechs Prinzipien zugrunde, die dazu beitragen, Potenziale zu erkennen und Risiken zu minimieren:

1. Neue Märkte zu definieren.
2. Sich auf das ganze Bild und nicht nur auf Zahlen zu konzentrieren.
3. Sich über die existierende Nachfrage hinaus zu orientieren.
4. Die verschiedenen strategischen Schritte richtig zu befolgen.
5. Die Schlüsselhindernisse zu überwinden.
6. Die Umsetzung in die Strategie zu integrieren.

Grundlegend ist dabei, dass die Wertkurve des Produktes respektive der Dienstleistung stets überprüft wird. Die Wertkurve zeigt anhand relevanter konkurrierender Faktoren und dem zu erwartenden Nutzen jeweils den aktuellen Status des Marktes und die Position der Konkurrenz auf. Die Blue Ocean Strategy unterliegt daher einem dynamischen strategischen Prozess. Wird dieser Prozess analysiert und reflektiert, ergeben sich neue Möglichkeiten, wie sich ein Produkt respektive eine Dienstleistung weiterentwickeln kann.

---

32 Kim/Mauborgne (2005).

Literaturverweise

Unter diesem Kapitel ist all diejenige Literatur erwähnt, woraus Gedanken und Anregungen für das Buch abgeleitet wurden. Die wissenschaftlich basierten Herleitungen sind in www.wald-coaching.ch aufgezeigt.

Die Literaturverweise sind nach Kapitel strukturiert, wobei die Einleitung und der Abschluss des Buches inklusive der Exkurs als das zentrale Kapitel dargestellt sind. Zusätzlich gibt es Literaturverweise pro Waldbild sowie für waldspezifische Themen.

Einleitung und Abschluss des Buches inklusive Exkurs

➢ Allen, David (2011): *Ich schaff das! Selbstmanagement für den beruflichen und privaten Alltag.* 2. Auflage, Offenbach: GABAL Verlag GmbH, S. 323.

➢ Brandon, Nathaniel (2012): *Die 6 Säulen des Selbstwertgefühls. Erfolgreich und zufrieden durch ein starkes Selbst.* 3. Auflage, München: Piper Verlag GmbH, S. 354.

➢ Covey, Stephen R. (2012): *Die 7 Wege zur Effektivität – Prinzipien für persönlichen und beruflichen Erfolg.* 25. Erweiterte und überarbeitete Neuausgabe, Offenbach: GABAL Verlag GmbH, S. 360.

➢ Csikszentmihalyi, Mihaly (2014): *Flow und Kreativität. Wie Sie Ihre Grenzen überwinden und das Unmögliche schaffen.* Stuttgart: Klett-Cotta, S. 645.

➢ Czichos, Joachim (2014): Beim Spazieren kommen die besten Ideen. *Aargauer Zeitung,* Ausgabe vom 30. April 2014.

➢ Deci, Edward L. with Flaste, Richard (1995): *Why we do what we do; the dynamics of personal autonomy.* New York: G. P. Putnam's Sons Publisher, S. 230.

➢ Dörner, Dietrich (2012): *Die Logik des Misslingens. Strategisches Denken in komplexen Situationen.* 11. Auflage, Reinbek bei Hamburg: Rowohlt Verlag GmbH, S. 346.

➢ Eckholdt, Matthias mit Singer, Wolf/Hüther, Gerald/Roth, Gerhard/Friederici, Angela D./Scheich, Henning/Markowitsch,

Hans J./von der Malsburg, Christoph/Menzel, Randolf/Rösler, Frank (2013): *Kann das Gehirn das Gehirn verstehen? Gespräche über Hirnforschung und die Grenzen unserer Erkenntnis*. Heidelberg: Carl-Auer Verlag GmbH, S. 250.

➢ Elger, Christian E. (2009): *Neuroleadership – Erkenntnisse der Hirnforschung für die Führung von Mitarbeitern*. Planegg/München: Rudolf Haufe Verlag GmbH & Co. KG, S. 213.

➢ Eisenbach-Stangl, Irmgard/Ertl, Michael (1997): *Unbewusstes in Organisationen. Zur Psychoanalyse von sozialen Systemen*. Wien: Universitätsverlag, S. 216.

➢ Friedmann, Dietmar/Fritz, Klaus (2012): *Denken. Fühlen, Handeln. Mit psychographischer Menschenkenntnis besser arbeiten und leben*. 5. Auflage, Leonberg: Rosenberger Fachverlag, S. 239.

➢ Gardener, Howard/Csikszentmihalyi, Mihaly/Damon, William (2005): *Good Work! Für eine neue Ethik im Beruf*. Stuttgart, Klett-Cotta, S. 440.

➢ Gigerenzer, Gerd (2007): *Bauchentscheidungen. Die Intelligenz des Unbewussten und die Macht der Intuition*. 7. Auflage, München: Bertelsmann Verlag, S. 283.

➢ Goleman, Daniel/Boyatzis, Richard/McKee, Annie (2002): *Emotionale Führung*. München: Econ Ullstein List Verlag GmbH & Co. KG, S. 356.

➢ Hansch, Dietmar (2002): *Evolution und Lebenskunst. Grundlagen der Psychosynergetik*. Ein Selbstmanagement-Lehrbuch. Göttingen: Vandenhoeck & Ruprecht, S. 287.

➢ Kim, Chan W./Mauborgne, Renée (2005): *Blue Ocean Strategy. How to Create Uncontested Market Space and Make the Competition Irrelevant. Boston*: Harvard Business School Publishing, S. 240.

➢ Königswieser/BGN, Roswita/Cichy, Uwe/Jochum, Gerhard (2001): *SIMsalabim. Veränderung ist keine Zauberei. Systemisches IntegrationsManagement*. Stuttgart: Klett-Cotta, S. 300.

➢ Morgan, Gareth (1998): *Löwe, Qualle, Pinguin – Imaginieren als Kunst der Veränderung*. Stuttgart: Klett-Cotta, S. 372.

➢ Noriko Richta, Hannah (2012): *Organisationales Lernen als erfolgsrelevantes Konstrukt im Rahmen der Internationalisierung von Unternehmen*. Wiesbaden: Springer Gabler, S. 194.

➤ Opezzo, Marily/Schwartz, Daniel L. (2014): Give your ideas some legs: the positive effect of walking on creative thinking. *Journal of Experimental Psychology: Learning, Memory and Cognition*, 40(4): 1142–1152.

➤ Peters, Theo/Ghadiri, Argang (2011): *Neuroleadership – Grundlagen, Konzepte, Beispiele. Erkenntnisse der Neurowissenschaften für die Mitarbeiterführung.* Wiesbaden: Gabler Verlag, S. 179.

➤ Pink, Daniel H. (2010): *Drive. The surprising truth about what motivates us.* Edinburgh: Canongate Books Ltd., S. 242.

➤ Senge, Peter M. (2011): *Die fünfte Disziplin – Kunst und Praxis der lernenden Organisation.* 11., völlig überarbeitete und aktualisierte Auflage, Stuttgart: Schäffer-Poeschel Verlag, S. 500.

➤ Roth, Gerhard (2013): *Persönlichkeit, Entscheidung und Verhalten. Warum es so schwierig ist, sich und andere zu ändern.* 8. Auflage, Stuttgart: Klett-Cotta, S. 349.

Mein Baum
➤ Treichel, Dietmar (2011): Methoden der Kulturanalyse. In: Treichel, Dietmar/Mayer, Claude-Hélène (Hg.): *Lehrbuch Kultur – Lehr- und Lernmaterialien zur Vermittlung kultureller Kompetenz.* Münster: Waxmann Verlag GmbH, S. 413.

Meine Welt der Bedürfnisse
➤ Krogerus, Mikael/Tschäppeler, Roman (2013): *50 Erfolgsmodelle. Kleines Handbuch für strategische Entscheidungen.* 18. Auflage, Zürich: Kein & Aber AG, S. 175.

➤ Maslow, Abraham H. (2014): *Motivation und Persönlichkeit.* 13. Auflage, Reinbek bei Hamburg: Rowohlt Taschenbuch Verlag, S. 395.

Mein Orchester
➤ Schulz von Thun, Friedemann (2008): *Miteinander reden: 3. Das „Innere Team" und situationsgerechte Kommunikation. Kommunikation, Person, Situation.* Sonderausgabe, Reinbek bei Hamburg: Rowohlt Verlag GmbH, S. 335.

➤ Schulz von Thun, Friedemann/Stegemann, Wiebke (2008): *Das Innere Team in Aktion. Praktische Arbeit mit dem Modell.*

3. Auflage, Reinbek bei Hamburg: Rowohlt Verlag GmbH,
S. 223.

Meine Widerstandskraft

➤ Borgert, Stephanie (2013*): Resilienz im Projektmanagement.
Bitte anschnallen, Turbulenzen! Erfolgskonzepte adaptiver Projekte.*
Wiesbaden: Springer, S. 178.
➤ Drees, Angela/Stüllenberg, Reiner (2013): *Burnout natur-
heilkundlich behandeln.* München: Gräfe und Unzer Verlag
GmbH, S. 128.
➤ Hansch, Dietmar (2014): *Burnout – Mit Achtsamkeit und Flow
aus der Stressfalle.* München: Knaur Verlag, S. 206.
➤ Payk, Theo R. (2013): *Burnout – Basiswissen und Fallbeispiele.*
Giessen: Psychosozial Verlag, S. 84.
➤ Waadt, Michael/Acker, Jens (2013): *Burnout – mit Akzeptanz
und Achtsamkeit den Teufelskreis durchbrechen.* Bern: Hans Huber
Verlag, Hogrefe AG, S. 226.
➤ Wellensiek, Sylvia K. (2011): *Handbuch Resilienz-Training.
Widerstandskraft und Flexibilität für Unternehmen und Mitarbeiter.*
Weinheim und Basel: Beltz Verlag, S. 396.

Meine und unsere Eicheln

➤ Rosenberg, Marshall B. (2013): *Gewaltfreie Kommunikation –
Eine Sprache des Lebens.* 11. Auflage, Paderborn: Junfernmann
Druck & Service, S. 237.

Unser gemeinsames Interesse

➤ Fisher, Roger/Ury, William/Patton, Bruce (2009): *Das Harvard-
Konzept. Der Klassiker der Verhandlungstechnik.* 23., durchgesehene
Auflage, Frankfurt/Main: Campus Verlag GmbH, S. 270.

Unser Zusammenleben im Wald

➤ Franken, Swetlana (2010): *Verhaltensorientierte Führung. Handeln,
Lernen und Diversity in Unternehmen.* 3., überarbeitete und er-
weiterte Auflage, Wiesbaden: Gabler Verlag, S. 354.
➤ Lührmann, Thomas (2006): *Führung, Interaktion und Identität.
Die neuere Identitätstheorie als Beitrag zur Fundierung einer Inter-*

aktionstheorie der Führung. Wiesbaden: Deutscher Universitäts-
Verlag ¦ GWV Fachverlage GmbH, S. 376.

➢ Lüthi, Erika/Oberpriller, Hans/Loose, Anke/Orths, Stephan
(2013): *Teamentwicklung mit Diversity Management. Methoden-
Übungen und Tools.* 3., überarbeitete und aktualisierte Auflage,
Bern: Haupt, S. 211.

➢ Neubarth, Achim (2011): *Führungskompetenz aufbauen – wie
Sie Ressourcen klug nutzen und Ziele stimmig erreichen.* 2. Auflage, Wiesbaden: Gabler, S. 187.

Unser Wald entsteht
➢ Tuckman, Bruce W. (1965): Developmental sequence in small
groups. *Psychological Bulletin,* 63(6): 384–99.

Unsere Vielfalt prägt uns
➢ Müller, Catherine/Sander, Gudrun (2011): *Innovativ führen mit Di-
versity-Kompetenz. Vielfalt als Chance.* 2. Auflage, Bern: Haupt, S. 208.

Unser Abbild verändert uns
➢ Friebe, Jörg (2010): *Reflexion im Training – Aspekte und Methoden
der modernen Reflexionsarbeit.* Bonn: managerSeminare Verlags
GmbH, S. 312.

➢ Krogerus, Mikael/Tschäppeler, Roman (2013): *50 Erfolgsmodelle. Kleines Handbuch für strategische Entscheidungen.* 18. Auflage, Zürich: Kein & Aber AG, S. 175.

➢ Schulz von Thun, Friedemann (2008a): *Miteinander reden: 2;
Stile, Werte und Persönlichkeitsentwicklung, differentielle Psychologie
der Kommunikation.* Sonderausgabe, Reinbek bei Hamburg:
Rowohlt Taschenbuch Verlag, S. 255.

➢ Sprenger, Reinhard K. (2007): *Vertrauen führt – Worauf es im
Unternehmen wirklich ankommt.* 3., durchgesehene Auflage,
Frankfurt/Main: Campus Verlag GmbH, S. 192.

Wie gehen wir mit Widerstand um?
➢ Argyris, Chris/Schön, Donald A. (2008): *Die lernende Organisation.
Grundlagen, Methode, Praxis.* 3. Auflage, Stuttgart: Schäffer-
Poeschel Verlag, S. 313.

➤ Kotter, John/Rathgeber, Holger (2006): *Das Pinguin-Prinzip. Wie Veränderung zum Erfolg führt*. München: Droemer Verlag, S. 157.
➤ Kruse, Peter (2011): *next practice. Erfolgreiches Management von Instabilität. Veränderung durch Vernetzung*. 6. Auflage, Offenbach: GABAL Verlag GmbH, S. 220.
➤ Lauer, Thomas (2010): *Change Management. Grundlagen und Erfolgsfaktoren*. Berlin/Heidelberg: Springer-Verlag, S. 216.
➤ Spencer, Johnson (2013): *Die Mäuse-Strategie für Manager. Veränderungen erfolgreich begegnen*. 38. Auflage, München: Ariston Verlag, S. 100.

Wie lernen wir?

➤ Argyris, Chris/Schön, Donald A. (2008): *Die lernende Organisation. Grundlagen, Methode, Praxis*. 3. Auflage, Stuttgart: Schäffer-Poeschel Verlag, S. 313.
➤ Argyris, Chris (2010): *Organizational Traps. Leadership, culture, organizational design*. Oxford: Oxford University Press, S. 214.
➤ Senge, Peter M. (2011): *Die fünfte Disziplin – Kunst und Praxis der lernenden Organisation*. 11., völlig überarbeitete und aktualisierte Auflage, Stuttgart: Schäffer-Poeschel Verlag, S. 500.

Wie entwickeln wir uns?

➤ Scharmer, Otto C. (2013): *Theorie U – Von der Zukunft her führen: Presencing als soziale Technik*. 3., unveränderte Auflage, Heidelberg: Carl-Auer-Systeme Verlag und Verlagsbuchhandlung GmbH, S. 526.
➤ Senge, Peter M./Scharmer, Otto C./Jaworski, Joseph/Flowers, Betty Sue (2004): *Presence – Human Purpose and the Field of the Future*. New York: Crown Business, S. 289.

Waldspezifische Themen

➤ Baltisberger, Matthias (1997): *Einführung in die Systematik der Pflanzen*. Zürich: vdf Hochschulverlag AG, Eidgenössische Technische Hochschule ETH, S. 219.
➤ Bartels, Horst (1993): *Gehölzkunde*. Stuttgart: Eugen Ulmer GmbH & Co., S. 336.

➤ Egli, Simon/Brunner, Ivano (2011): Mykorrhiza. *Eine faszinierende Lebensgemeinschaft im Wald*. Merkblatt für die Praxis Nr. 35, 3. Auflage, Birmensdorf: Eidgenössische Forschungsanstalt WSL, S. 8.

➤ Hofmann, Heini (2007): *Eichhörnchen – Kobolde im Wald*. Waldwissen.Net, Informationen für die Forstpraxis. http://www. waldwissen.net/wald/tiere/saeuger/wsl_eichhoernchen/index_ DE (letzter Zugriff: 19. Juli 2014).

➤ Nultsch, Wilhelm (1996): *Allgemeine Botanik*. 10., neu bearbeitete und erweiterte Auflage, Stuttgart: Georg Thieme Verlag, S. 602.

➤ Otto, Hans-Jürgen (1994): *Waldökologie*. Stuttgart: Eugen Ulmer GmbH & Co, S. 391.

➤ Steiger, Peter (2010): *Wälder der Schweiz. Von Lindengrün bis Lärchengold. Vielfalt der Waldbilder und Waldgesellschaften in der Schweiz*. 4., überarbeitete und erweiterte Auflage, Bern: hep verlag ag, S 462.

EIN HERZ FÜR AUTOREN A HEART F SCHRI **novum** VERLAG FÜR NEUAUTOREN BCEЙ ДУШ
HJÄRTA FÖR FÖRFATTARE UN CORART FO A KAPΔIA Γ
CUORE PER AUTORI ET HJERTE F Á LA ESCUCHA DE LOS AUTORES YAZARLARIMIZA GÖNÜL
SERZÖINKÉRT SERCE DLA AUTJERTE FOR ORFATTERE EEN HART VOOR SCHRIJVERS TEMOS
CORAÇÃO BCEЙ ДУШОЙ К ABTOFA AUTORÖW EIN HERZ FÜR AUTOREN A HEART FOR AUTHOR
AUTEURS MIA KAPΔIA ΓIA ΣΥΓΓΡ K ABTOPAM ETT HJÄRTA FÖR FÖRFATTARE UN CORAZÓN POR
YAZARLARIMIZA GÖNÜL VERELA ΓIA ΣΥΓΓΡΑΦΕΙΣ UN CUORE PER AUTORI ET HJERTE FOR FORFAT
VOOR SCHRIJVERS TEMOS OS VERELIM SZÍVÜNKET SZERZÖINKÉRT SERCE DLA AUTORÖW EIN HER

Bewerten
Sie dieses Buch
auf unserer
Homepage!

www.novumverlag.com

EIN HERZ FÜR AUTOREN A HEART FOR AUTHORS À L'ÉCOUTE DES AUTEURS MIA ΚΑΡΔΙΑ ΓΙΑ ΣΥΓΓ
HJÄRTA FÖR FÖRFATTARE UN CORAZÓN POR LOS AUTORES YAZARLARIMIZA GÖNÜL VERELIM SZ
CUORE PER AUTORI ET HJERTE FOR FORFATTERE EEN HART VOOR SCHRIJVERS TEMOS OS AUT
HERZ ÖINKÉRT SERCE DLA AUTORÓW EIN HERZ FÜR AUTOREN A HEART FOR AUTHORS À L'ÉCOU
ORAÇÃO ВСЕЙ ДУШОЙ К АВТОРАМ ETT HJÄRTA FÖR FÖRFATTARE Á LA ESCUCHA DE LOS AUTO
AUTEURS MIA ΚΑΡΔΙΑ ΓΙΑ ΣΥΓΓΡΑΦΕΙΣ UN CUORE PER AUTORI ET HJERTE FOR FORFATTERE EEN
YAZARLARIMIZA GÖNÜL VERELIM SZ ÖINKÉRT SERCE DLA AUTORÓW EIN HERZ FÜ
VOOR SCHRIJVERS TEMOS OS AUT AÇÃO ВСЕЙ ДУШОЙ К АВТОРАМ ETT HJÄRTA FÖ

Die Autorin

Nach ihrem Studium lebte und arbeitete Karin
Hilfiker, im Jahr des Drachens als Stier im Stern-
zeichen und Aszendenten geboren, einige Jahre
in Ländern des Südens. Im Rahmen ihrer Arbeit
in Vietnam, Bolivien und Namibia interessierte
sie sich insbesondere dafür, wie die Bevölkerung
mit ihrer gemeinschaftlich orientierten Lebensweise die lokalen Ressourcen für den Alltag nutzt.
Karin Hilfiker versteht es, im Fremden das Eigene
zu erkennen und sich daraus weiterzuentwickeln.
Sie betrachtet ihre Themen immer wieder aus
unterschiedlichen Blickwinkeln und hat bereits
einige wissenschaftliche Beiträge veröffentlicht.
Ihre Freizeit verbringt die Autorin am liebsten mit
Spazieren, Joggen, Velofahren und Schwimmen.

Der Verlag

*Wer aufhört
besser zu werden,
hat aufgehört
gut zu sein!*

Basierend auf diesem Motto ist es dem novum Verlag
ein Anliegen neue Manuskripte aufzuspüren, zu ver-
öffentlichen und deren Autoren langfristig zu fördern.
Mittlerweile gilt der 1997 gegründete und mehrfach
prämierte Verlag als Spezialist für Neuautoren in
Deutschland, Österreich und der Schweiz.

**Für jedes neue Manuskript wird innerhalb
weniger Wochen eine kostenfreie, unverbind-
liche Lektorats-Prüfung erstellt.**

Weitere Informationen zum Verlag und
seinen Büchern finden Sie im Internet unter:

www.novumverlag.com